KB081108

뭘 해도 되는 운명

꿈을 현실로 바꾸는 힘

뭘 해도 되는 운명

1판 1쇄 2023년 2월 1일
1판 2쇄 2023년 4월 7일

지은이 조 비테일
옮긴이 김문주
펴낸이 유경민 노종한
책임편집 함초원
기획편집 유노북스 이현정 함초원 **유노라이프** 박지혜 장보연 **유노책주** 김세민
기획마케팅 1팀 우현권 **2팀** 정세림 유현재 정혜윤 김승혜
디자인 남다희 홍진기
기획관리 차은영
펴낸곳 유노콘텐츠그룹 주식회사
법인등록번호 110111-8138128
주소 서울시 마포구 월드컵로20길 5, 4층
전화 02-323-7763 **팩스** 02-323-7764 **이메일** info@uknowbooks.com

ISBN 979-11-92300-48-1 (03190)

- — 책값은 책 뒤표지에 있습니다.
- — 잘못된 책은 구입한 곳에서 환불 또는 교환하실 수 있습니다.
- — 유노북스, 유노라이프, 유노책주는 유노콘텐츠그룹 주식회사의 출판 브랜드입니다.

YOUR
UNLIMITED
SELF

꿈을 현실로 바꾸는 힘

조 비테일 지음 | 김문주 옮김

뭘 해도 되는 운명

유노
북스

우리는 우리가 늘 생각하는 것이 된다.
그것이 가장 묘한 비밀이다.

얼 나이팅게일 (연설가)

내 인생을 통째로 바꾼
신념의 힘

나는 오하이오주의 중하류층 가정에서 태어났다. 아버지는 철
도 회사에 다니며 네 아이를 먹여 살렸고, 어머니는 살림을 하며
전통적인 가정주부 역할을 맡았다. 나는 일찍이 작가가 되고 싶
었다. 10대 때부터 희곡과 소설을 써 책을 내겠다고 결심했지만
30년이 지나고 나서야 '벼락 스타'가 될 수 있었다. 그 전까지는
힘겨운 노숙 생활을 견뎌야 했고 몹시도 가난했다. 댈러스에서는
노숙자로 살았고 휴스턴에서는 10년 넘게 빈곤하게 생활했다.

그때 내게는 커다란 꿈과 높은 목표, 원대한 뜻이 있었다. 내가
전적으로 올바르게 살고 있다 생각했고, 실제로 여러 면에서 그
랬다. 나는 자기 파괴적으로 행동하지 않았다. 술을 마시지 않았

고 마약이나 도박도 하지 않았다. 바르게만 살았는데도 이렇다 할 성과를 얻지 못했다.

여기서 첫 번째 힌트를 주려고 한다. 나는 지축이 마구 흔들리는 듯한 충격을 받고서야 내 신념이 현실을 창조한다는 사실을 깨달았다. 당신도 이 깨달음을 받아들이고 되새기기를 바란다. 이 부분에서는 과학을 잠시 제쳐 두고 설명하려 한다. 이 책에서 나는 다양한 도구로 당신의 신념을 바꾸는 방법을 알려 줄 것이다.

나는 댈러스에서 노숙자 생활을 했다. 집이 없어 지옥 같은 시간을 보냈다. 사람들은 내게 물었다.

"어떤 차에서 생활해요?"

자동차라도 있었으면 더 바랄 게 없었겠지만 집도 없고 차도 없어 댈러스 공공 도서관에 숨어 지냈다. 밤에는 도서관 앞 벤치에서 잠을 자고 낮에는 도서관에 머물렀다.

도서관이라 다행이었다. 나 같은 책벌레에게 그곳은 천국이나 마찬가지였다. 듀이 십진분류법에 따라 당시의 600번 구역에는 심리학, 철학, 형이상학, 성공 처세술 분야의 책이 꽂혀 있었다. 거기서 지내는 동안 《생각하라 그리고 부자가 되어라Think and Grow Rich》, 《신념의 마력The Magic of Believing》, 《데일 카네기 인간관계론How to Win Friends & Influence People》 같은 고전적인 자기 계발서들을 몇 번이나 읽고 또 읽었다. 그리고 자신의 현실을 스스로 창조해야 한다는 것을 거의 모든 책이 강조하고 있다는 사실을 깨달았다. 몇몇 책은 내 신념을 통해 현실을 창조해야 한다고 상당히 직설적으로 말하기도 했다. 하도 이런 말을 보다 보니 이런 의문이 들었다.

"아니, 무슨 놈의 대단한 신념이 노숙자를 만들었대?"

하지만 정말 깊이 파고들자 나의 근원이라고 할 수 있는 '핵심 운영용 신념'이 존재한다는 사실을 깨달았다. 여기서 잠깐, 우리 한 사람 한 사람에게는 핵심 신념이 있다는 말을 꼭 하고 넘어가야겠다. 우리는 그것이 무엇인지 알아내야 하고 가끔은 원하는 성과를 위해 그것을 내려놓거나 바꿔야 할 수도 있다.

나는 신념을 찬찬히 들여다보다가 내가 《야성의 부름The Call of the Wild》,《마틴 에덴Martin Eden》,《울프 선장The Sea Wolf》을 쓴 잭 런던과 《노인과 바다The Old Man and the Sea》를 쓴 어니스트 헤밍웨이 같은 작가들을 추앙한다는 사실을 깨달았다. 모두 위대한 사람들이고 그들의 작품은 고전이 됐으며 우리는 학교에서 그들의 책을 공부한다. 이들의 문체에 깊이 영향을 받은 나는 실수로 그들의 라이프 스타일까지 본받았다.

알코올 중독에다가 때때로 자살 시도를 했던 잭 런던은 결국 40세에 세상을 떠났다. 어니스트 헤밍웨이는 알코올 중독, 폭력성, 정신병으로 고군분투하다 스스로 목숨을 끊었다. 나는 내심 그렇게 드라마처럼 살아야만 위인전을 펴내고 성공할 수 있으리라고 생각했다. 음악가나 화가같이 창조적인 예술가 중에는 고통을 겪어야 성공한다고 생각하는 사람이 많다. 이런 것이 신념이다. 나 역시 성공적으로 살려면 먼저 비극적으로 살아야 한다고 생각해 그런 작가들을 본보기로 삼고 따라 했다. 이것이 나를 운영하는 핵심 신념이었다.

이 깨달음은 내게 큰 충격이었다. 물론 유복하고 행복하며 신체적으로 건강하고 정서적으로 안정된 작가들도 존재한다는 사실을 분명히 밝혀야겠다. 누가 있을까? SF 문학의 거장으로 손꼽히는 레이 브래드버리 같은 작가들이 있다. 몇 년 후 그들을 알게 되면서 그 작가들의 라이프 스타일을 본보기로 삼자 인생이 바뀌기 시작했다. 나는 전혀 다른 성과를 얻기 시작했다.

이런 내 경험담을 통해 모두가 얻었으면 하는 교훈은 '마음을 정화하고 신념을 바꾸면 다른 결과를 얻는다'는 것이다. 이것이 책의 핵심 메시지다.

한계를 넘어 기적을 만드는
가장 강력한 도구

나는 성과에 관심이 많은 방구석 사업가다. 철학과 심리학에도 관심이 있지만 돈을 은행에 저금할 수 없다면, 실제로 구체적인 결과를 보지 못한다면 그게 다 무슨 소용인가? 나는 어떻게 카드값을 갚을지 고민하느라 밤잠을 설치는 게 얼마나 고통스러운지 안다. 절망의 구렁텅이에 빠지는 게 어떤 기분인지 안다. 어떻게 결실을 맺을 수 있을지 혼란스러워하고 궁금해하고 애쓰는 게 어떤 마음인지 안다.

나는 사람들에게 꿈꾸고 원하는 성과를 가져다주는 검증된 기술들이 존재한다는 사실을 깨달았다. 원하는 것을 이루는 방법에 대한 잃어버린 비밀과 그것을 이루기 위해 마음을 정화하는 방법에 관해 이 책에서 이야기하려 한다. 또한 어떤 의미로 '정화'와 '성과'의 개념을 꺼냈는지도 설명할 예정이다.

내가 언급하는 '신념'이란 어떤 의미일까?

내가 말하는 '행동'은 어떤 뜻으로 받아들여야 할까?

그리고 어떻게 '무한한 자아'를 활용해서 당신의 기대보다 훨씬 더 빨리 원하는 것을 얻을 수 있을까?

과학을 들여다보자. 과학자는 이론을 설명한다. 그다음에는 이론을 증명하거나 반증한다. 이론을 증명한 후에는 이 과정을 되풀이한다. 그러다 보면 다른 과학자가 끼어들어 자기네도 그 이론을 시험하기 위해 같은 과정을 반복한다. 과학은 실제로 작동하는, 즉 성과를 내놓을 수 있는 공식과 단계, 절차, 이론을 찾으려 한다.

이 책에서 나는 성취의 과학을 살펴보고, 우리가 무심코 자신에게 부여하는 제한들을 시험해 볼 것이다. 일단 훌륭한 과학자처럼 이 영역들을 탐색하고 이 책에서 보여 줄 방법 몇 가지를 스스로에게 시험했다. 그리고 다른 사람에게도 직접 실험해 보라고 부추겼다. 내 고객들은 이 기술로 뛰어난 성과를 얻었다. 그래서 이를 더 널리 알리고 싶었다. 그렇게 이 책이 탄생했다. 당신도 곧 알게 되겠지만 성과로 이어지는 과학이 실제로 존재한다. 이 도구들을 꾸준히 익힌다면 당신을 옥죄던 선입견과 한계들을 돌파할 수 있을 것이다.

나는 지금 매출을 늘리고 싶은 사업가들에 대해 이야기하는 것이다. 자신의 그림이나 글을 팔고 싶은 예술가들, 레스토랑을 소유하거나 새로운 사업장을 열고 싶은 이들에 대해 이야기하는 것이다. 지금껏 찾지 못했던 인연을 만나고 싶은 사람들의 이야기이기도 하다. 한 번도 건강해 본 적 없는 사람들이라면 건강해지고 싶을 수도 있겠다. 내가 말하고자 하는 바는 다양한 모습의 성과가 있다는 것이다.

따라서 우리는 공식 내에서 유연성을 발휘할 필요가 있다. 이 유연성은 개인의 창의성에서 나온다. 나는 무언가를 이루려는 목적에 대해 이야기하는 것을 굉장히 좋아하지만, 우리 자신보다 위대한 존재가 영향력을 발휘하는 것에도 열광한다. 그 존재를 '더 고귀한 힘'이라고 불러 보자. '내 마음의 창조적인 면'이라고 불러도 좋다. 아니면 '좌뇌와 우뇌의 균형'이라 부르도록 하자. 우리가 그 존재를 무엇으로 부르든지 간에 현 과학의 영역 밖에 있는 새로운 정보를 우리에게 제공하는 방식이 존재한다.

이쯤에서 창의성과 예술이 개입한다. 내게 이 방식은 창의성과 예술의 조합을 의미한다. 지침을 제시해 줄 수 있는 과학을 원하는 사람도 있을 수 있겠다. 공식이 무엇인가? 내가 원하는 성과를 어떻게 얻을 수 있는가? 하지만 성과를 더 빨리 얻는 방법을 제시하는 자유와 예술, 그리고 자유 형식의 즉흥 연주를 바라는 사람도 있으리라.

과학은 항상 변한다. 역사를 거슬러 올라가면 지구가 평평하다거나 태양이 지구 주변을 돈다고 말했던 시절도 있다. 새로운 과학적 발견은 우리가 진실이라 믿었던 것의 일부가 진실이 아님을 보여 줬다. 그러므로 과학과 창의성의 결합이야말로 진정한 힘을 만들어 낸다.

삶과 기술은 꾸준히 변하지만 역사를 돌아보면 비슷한 난제들이 발견된다. 인간은 여전히 과거와 같은 욕망을 품고 있다. 사회적으로 인정받기를 원하고 성공을 원하며 사랑과 우정을 원한다. 인간의 경험상 이는 언제까지나 통하는 진리일 것이다. 우리는 삶에서 예술을 창조할 수 있는 공식, 과학, 팁을 바란다. 이 책을 통해 내가 전하려는 것이 바로 그것이다. 나는 오늘날뿐만 아니라 나름의 난제들이 존재할 다음 세기에도 여전히 유용한 도구를 사람들에게 쥐여 주려 한다.

한번은 호텔 기념품 가게에 들렀는데 65세의 노파가 그곳에서 일하고 있었다. 인상 깊을 정도로 긍정적이고 행복해 보이는 노파는 그곳이 자신의 가게라고 했다. 직원으로 일하는 게 아니라 실제로 그 가게를 소유했다. 나는 노파에게 비결을 물었다. 그녀는 이렇게 대꾸했다.

"그렇게 하기로 결정했거든요."

"와, 어르신 연세의 다른 사람들은 모두 손주들과 놀며 여생을 보내기로 했을 거예요."

"저는 이미 손주들과 잘 지내고 있어요."

그녀는 또 이렇게 말했다.

"저는 제 인생에서 무언가를 하고 싶거든요."

나는 물었다.

"다른 어르신들이 찾아와서 조언을 구하면 뭐라고 말씀하시겠어요?"

"누구나 언제든지 자기 사업을 시작할 수 있다고 말할 거예요. 하고 싶은 일은 무엇이든 할 수 있어요. 못 하게 막는 사람은 아무도 없답니다."

이 세상에 흥미진진한 기회가 넘쳐 난다고 생각하면 짜릿하다. 당신은 몇 번의 기회를 그냥 흘려보냈지만 지금 여기서 새로운 순간을 맞이했다. 더 많이 깨우치고 더 많이 배우게 될 것이며 더욱 신바람이 날 것이다. 또한 원하는 것을 이루는 데에 도움이 되는 다양한 기술을 배우게 되리라. 당신을 기다리는 기회를 향해 달려가기 시작했다면, 실제로 당신은 원하는 성과를 얻을 가능성을 이미 높인 셈이다. 기회는 바로 지금이다.

이쯤에서 나는 당신이 이 순간을 붙들고 스스로에게 물었으면 한다.

나는 무엇을 갖고 싶은가?

나는 무엇을 하고 싶은가?

나는 어떻게 되고 싶은가?

이 책을 다 읽을 무렵 손에 넣기를 바라는 성과는 무엇인가?

목록을 만들어 보자. 척척 거침없이 적어 나가며 "이게 내가 달성하고 싶었던 거야. 이게 내가 원했던 결과야"라고 말해 보자. 적어 뒀기에 원하는 성과가 당신 앞에 나타나는 것이다.

이 과정은 굉장히 멋질 것이다. 당신이 이 책을 읽어 나가는 동안 성과를 얻게 해 줄 귀중한 정보들이 머릿속에 차곡차곡 쌓일 것이기 때문이다. 또한 이루고 싶은 목록을 글로 남겨 둔다면 이 책을 다 읽은 후 "내가 그 성과를 얻었나?" 하며 확인할 수 있다. 원하는 성과를 당장 적고 차근차근 단계를 밟아 책에서 권장하는 모든 일을 해내고 나면 결국은 그 성과를 목록에서 지울 수 있다. 그리고 "좋았어, 이제 다음 성과다"라고 말할 수 있으리라.

실제로 10개, 20개, 심지어 100개의 성과를 적는다면 이 과정은 훨씬 더 흥미진진할 것이다. 더욱 재미있고 더더욱 활기 넘칠 것이다. 예술과 과학, 그리고 기술을 알기에 무엇이든 실현할 수 있다는 가능성으로 경기에 임하게 된다면, 당신의 인생에서 무엇을 가장 반갑게 맞이할 것인가?

무한한 자아와 한 몸이 될 때 당신은 원하는 것들을 더욱 빠르게 얻을 수 있다. 분명 당신의 무한한 자아에는 한계가 없다. 그게 아니라면 당신에게 있을 수 있는 한계란 무엇일까? 바로 신념이다. 신념은 당신이 가능하다고 생각하는 일들 주위에 경계선을 긋는다.

　이제부터 당신을 제한하는 신념을 없애는 가장 강력한 방법 12가지를 소개하려 한다. 이 방법들을 사용할 때 당신은 한계가 있는 존재에서 한계가 없는 존재로 나아갈 것이다. 어서 오라, 무한한 자아의 세계로.

· 차례 ·

1장
누구에게나 가능성의 문이 열려 있다
▸ 나를 들여다보는 법

**YOUR
UNLIMITED
SELF**

1장

누구에게나
가능성의 문이
열려 있다

나를 들여다보는 법

당신의 빛을 비추려면 어둠 속으로 들어가야 한다.

데비 포드(작가)

잃어버린
성공의 비밀을 찾아서

신념

이 책을 읽어 내려가는 동안 이루고 싶은 인생 목표들을 떠올리며 벌써 신바람이 난 사람도 있을 것이다. 어쩌면 "조, 저는 지금 당장 이루고 싶어요. 어서 그 성과들을 향해 나아갑시다"라고 말할 수도 있다.

우리는 마음을 정화해야 한다. 아니 그보다 더 우선인 것은 길을 정리하는 것이다. 먼저 내면의 길을 깔끔히 청소해야만 외부의 길이 우리가 원하는 성과로 이어질 수 있다. 우리가 품는 신념은 우리가 하거나 하지 않는 행동들에 영향을 미친다. 따라서 우리는 내면으로 깊이 들어가 신념을 들여다보고 우리가 어떻게 프로그래밍돼 있는지 살펴야 한다.

이미 원하는 성과에 가까이 다가갔다면 당신에게는 스스로를 제한하는 신념이나 핑계가 전혀 없다는 뜻이다. 그렇다면 당신에게는 "당신의 실천 단계를 밟으세요. 목표를 달성하기 위한 프로젝트에 곧장 돌입하세요. 목표를 향해 계속 나아가고 꿈을 실현하세요"라고 말하고 싶다.

그러나 뜻하지 않은 방해물과 당신의 계획을 놀라울 정도로 질질 끌게 하는 무언가를 우연히 맞닥뜨린다면 이 책으로 돌아오자. 직접 경험한 바에 따르면 모든 사람이 제한의 신념을 갖고 있으며, 그로 인해 성과를 얻는 과정이 늦춰지기 때문이다.

당장 '내가 무슨 일을 하고 있는 거지?'라고 생각하는 일은 그다지 중요하지 않다. 중요한 것은 내면에서 무슨 일이 벌어지는지를 살피는 것이다. 다시 말해, 당신은 내면의 정신적 프로그래밍을 살펴봐야 한다. 일이 성사되는 과정에 방해되는 모든 것을 말끔히 제거하면 원하는 결과를 얻게 될 것이다.

자기계발서 100권을 읽어도 삶이 똑같은 이유

나는 이 책이 수백만 달러의 가치를 지닌다고 생각한다. 값으로 매길 수 없는 책이기도 하다. 성공을 가져다주는 잃어버린 비밀에 관해 말하기 때문이다. 당신은 다양한 자기 계발서를 읽어 봤을 것이다. 이 세상에 몇백 년 동안이나 존재했다는 자료들에 대해서도 아마 알고 있을 것이다. 원하는 대로 살 수 있다고 믿으면 정말 원하는 대로 살게 된다고 초창기의 책들이 떠들어 댔지만 모든 사람이 자신이 원한 것을 얻지는 못했다는 사실 또한 알고 있을 것이다. 나도 그랬다. 나는 거울을 들여다보며 "왜 나는 나폴레온 힐이나 지그 지글러 같은 스승들이 알려 준 대로 하는데도 성과를 얻지 못할까?"라며 되물을 수밖에 없었다.

처음에는 불만이 생긴다. 어쩌면 벽에 책을 던져 버릴 수도 있다. 나 역시 처음에는 책을 집어던지며 "왜 나는 이루지 못하는 거야? 난 뭐가 잘못된 거지?"라고 말했다. 하지만 곧 깨달을 것이다. 당신에게는 잘못이 없다. 단지 성장하는 동안 다른 사람에게 물려받은 대로 프로그래밍됐을 뿐이다. 이 프로그래밍은 당신이 달성할 수 있는 일들에 쓸데없이 많은 한계를 두며, 오늘날에도 여전히 활성화된 채 당신 안에서 작동하고 있다. 몇 가지 사례를 들려주겠다.

나는 《돈을 유혹하라The Attractor Factor》를 썼다. 기업가로서, 열정을 좇는 사람으로서 어떻게 더 많은 돈을 끌어들일 수 있는지에 관해 사람들에게 가르쳐 줬다. 당신은 의식적으로 "이게 내가 원하는 결과야. 매출이 더 올라 사업이 탄탄해졌으면 좋겠어. 나는 포브스 100대 기업에 오르고 싶어"라고 말할 수 있다. 긍정적인 목표이며 고귀한 결심이다.

그러나 의식보다 더 깊숙한 곳에, 즉 당신의 잠재의식이나 무의식 속에는(나는 이 두 용어를 구별 없이 쓴다) "모두를 만족시키지는 못할 거야. 돈은 썩었어. 돈은 나쁜 거야. 돈은 악마야. 오직 부자들만 돈을 벌고 이들은 나쁜 짓으로 돈을 벌지. 내게 돈이 아주 많아 봤자 세금 걷는 놈들이 다 가져가 버릴 거야. 회사들도 뺏어 갈 테고. 돈이 많으면 가족과 친구들은 나를 버리고 떠나겠지. 풍족해져서 열정도 식을 거야. 영혼도 잃어버리겠지" 같은 신념이 존재한다.

이 모든 것이 제한의 신념이다. 이 신념들은 사실이 아니다. 진실도 아니다. 그저 당신이 믿는 한 진실이 될 뿐이다. 만약 돈에 관한 이러한 신념들을 내면에 품은 사람이 사업가가 된다면 필요한 행동 단계를 모두 밟는다 하더라도 돈을 많이 벌지는 못할 것이다. 이들은 모든 임무를 순수하게 시도하고 도움이 되는 책들을 모두 읽으며 공식대로 행동할 것이다. 하지만 결국 스스로를 훼방 놓을 것이다. 원하는 성과를 얻지 못할 것이다. 공식이 형편없어서가 아니라 이들의 신념이 성과를 실현할 수 없게 가로막기 때문이다.

이것이 잃어버린 비밀이다. 내가 나의 모든 일을 통해 무언가 기여한 부분이 있다면, 바로 당신이 잠재의식이나 무의식에 자리한 제한의 신념에서 벗어나기 전까지는 원하는 것을 손에 넣는 일이 미뤄지거나 중단되고 불가능해지리라는 아이디어를 제시한 것이리라. 따라서 당신은 정화해야 한다. 무엇을 정화하냐고? 바로 신념이다.

02

안 될
운명은 없다

조건

    물론 이 이야기를 읽고 갖가지 변명을 늘어놓는 사람이 많을 것이다. 예컨대 왜 이 교훈이 자기들 인생에는 맞지 않는지, 자기네가 얼마나 특별한 상황에 처했는지에 대해 말할 것이다.

    교육이나 훈련을 받은 적 없는 사람들은 이렇게 말한다.

    "저는 대학 갈 돈이 없었어요. 대학에 가지 않은 것은 잘못이에요."

    "저는 경제적으로 가망이 없는 분야에서 일해요. 게다가 40대라고요. 이 나이에 어떻게 새로운 교육을 받겠어요?"

    또 다른 누군가는 자원이 없다고 한다. 보통은 돈이다.

    "저는 몇 년 동안이나 저만의 사업을 시작할 수 있기를 바랐어요. 제게는 무언가를 발명하는 꿈이 있거든요. 그런데 내가 아는 사람들은 모두 사업을 시작할 수 있는 시드 머니를 갖고 있더라고요."

그런가 하면 충분하지 않은 시간도 문제가 될 수 있다.

"저는 혼자 힘으로 사업을 시작하고 싶지만 지금은 업무가 너무 많고 월급도 필요해서 이 업무 주기에서 벗어날 수가 없어요. 다른 꿈을 꿀 여유가 없다고요. 제게는 책임져야 할 가족도 있어요. 꿈을 좇는 데에 너무 많은 시간을 들이다가는 가족에게 소홀해질 거예요."

또 다른 변명으로는 가족이나 가까운 친지들의 지지를 받지 못한다는 이견이 있을 것이다.

"성공하면 독립할 거예요. 가족과 친척들에게 애착이 있지만 어떻게 해서든 거리를 두려고요. 그 사람들은 아마 속으로 저를 질투할 거고, 그럼 저를 응원할 사람은 없을 테니까요."

또한 차별의 문제도 있다. 오늘날 사회에는 많은 차별이 존재한다. 사람들은 인종, 성별, 또는 다른 무언가 때문에 차별받는다고 느끼며, 차별당하기 때문에 다음 단계로 성장할 수 없다고 생각한다.

마지막으로 장애에 대한 문제도 있다. 언뜻 합당한 원인처럼 보이기도 한다.

"저는 장애인이에요. 다리가 없고 앞을 볼 수도 없어요. 걸을 수가 없다고요. 이런 제가 어떻게 성공할 수 있겠어요?"

아이디어 하나만 갖고 중국에 간 여성 사업가

다 말도 안 되는 소리다. 이들 모두에게 나는 사랑의 매 같은 대답을 친절히 들려주고 싶다. 다 핑계일 뿐이며 형태가 다양한 제한의 신념들이라고. 당신은 그 신념에 가로막힐 수도 있지만, 정말 원하는 것을 성취하고 싶다면 이 모든 것을 뚫고 지나가야 한다.

몇 가지 핑계를 살펴보자. 많은 사람이 돈이 없다는 핑계를 댄다. 하지만 당신에게는 사실 돈이 필요 없다. 나는 《깨어난 백만장자 The Awakened Millionaire》를 통해 우리에게 필요한 것은 바로 창의력이라는 사실을 강조했다. 돈을 빌리거나, 크라우드 펀딩으로 투자금을 모으거나, 자금을 만들기 위해 수없이 많은 일을 하거나, 혹은 돈을 전혀 쓰지 않고 시제품을 만들 방법을 찾아내면서 신중히 돈 문제를 해결한 사람들의 이야기가 아주 많다.

CNBC에서 방영한 〈도니 도이치의 빅 아이디어〉라는 프로그램이 있었다. 나는 이 프로그램이 좋았다. 언젠가 성공한 기업가에게 도이치가 물었다.

"어떻게 시작하셨나요?"

그녀가 말했다.

"저는 배움이 짧아요. 교육을 받지 못했고 돈도 없었답니다."

젊은 아프리카계 미국인이었던 그녀에게는 '독특한 지갑을 만들겠다'는 아이디어가 있었다. 이쯤에서 이런 의문이 들 것이다. 세상에는 이미 수도 없이 많은 지갑이 있는데 뭐 하러 지갑을 하나 더 만들어야 하는 걸까? 하지만 그녀는 만들어 냈다.

이 여성 사업가는 생각했다.

'돈도 없고 인맥도 없는데 어떻게 이 지갑을 만들 수 있을까?'

구글에 '지갑 제작'이라고 검색하자 제작 업체 대부분이 중국에 있다는 사실을 알게 됐다. 그녀에게는 중국어 실력이 없었고 여행 가이드와 통역사도 없었으며 중국에 아는 사람도 없었지만 그녀는 무작정 신용 카드로 비행기 표를 결제해 중국으로 날아갔다. 그리고 영어와 중국어를 모두 할 수 있는 누군가가 있을 것이라 생각하며 한 호텔로 향했다.

그녀가 자신의 상황을 설명하자 호텔은 그 지역에 있는 몇몇 지갑 제조업체의 전화번호를 알려 줬다. 그녀는 모든 업체에 연락했다. 그중 한 곳에서 설명대로 시제품을 만들어 주겠다고 했다. 그렇게 그녀는 시제품 몇 개를 들고 미국으로 돌아갔다. 지갑을 살 고객을 찾았고 지갑을 판매했다. 그다음은 모두가 아는 대로다. 성공한 그녀는 도니 도이치의 프로그램에 출연해 큰 성공을 가져다 준 빅 아이디어에 관해 이야기했다.

그녀에게는 돈이 필요 없었다. 교육이나 훈련도 필요 없었다. 차별도 없었다. 그녀에게는 용기와 대담함, 창의성, 아이디어를

행동으로 옮기는 추진력이 필요할 뿐이었다. 이 여성 사업가의
성공은 눈부시게 빛난다.

03

사람이 의식에 따라
움직인다는 착각

무의식

나는 영화 〈시크릿〉에 출연해서 이렇게 말했다.

"당신께 대놓고 이야기하려 해요. 저는 진실을 말할 거예요."

그리고 이 책에서 내가 하고자 하는 이야기도 똑같다. 누군가가 멘토링이나 마스터마인드(둘 이상이 모여 명확한 목표와 목적을 위해 함께 일하는 것), 혹은 퍼스널 코칭을 요청하기 위해 나를 찾아올 때도 마찬가지다. 나는 사람들이 "어디서부터 시작해야 할지 모르겠어요", "무슨 일을 해야 할지 모르겠어요", "제게는 정말 한계가 있는 것 같아요", "이런저런 걱정과 두려움이 있어요"라고 말하는 것을 이해한다. 나도 그랬으니까. 동시에 내가 설명할 원칙들, 즉 다양한 정화의 방법을 사용해 모든 것을 극복하고 행동을 취하고 성과를 올릴 수 있다는 사실도 안다.

인생을 꼬이게 만드는 장애물들

내면의 장애물들은 사람들이 원하는 성과를 달성하지 못하게 방해한다.

가장 큰 장애물은 두려움이다. 실패의 두려움, 성공의 두려움, 심지어 사회 불안 같은 것도 해당된다. 어떤 사람들은 본능적으로 공포 반응을 보이기 때문에 두려움 앞에서는 스스로 생각을 통제하려는 그 어떤 시도도 아무런 소용이 없다.

또 다른 장애물은 자기 훼방이다. 이 경우 시작은 좋을 수 있다. 여성 사업가는 중국으로 가 시제품을 만들지만 이유가 무엇이든 자신의 노력에 완전히 훼방 놓는 짓을 저지르고 말 것이다. 또는 마침내 메이저 리그에 진출한 선수는 처음으로 메이저 리그 투수를 만나 12차례나 스트라이크를 맞을 수도 있다.

그다음은 태도와 관련된 문제다. 부정적인 태도를 보이거나 험담을 하는 경우가 있다. "나는 열심히 일해"라고 생각하면서 게으름을 피우기도 한다. 이런 경험에 대해 많이 들어 봤을 것이다. 모두 자신이 열심히 한다고 느끼지만 실제로 많은 이가 게으른 태도를 보인다. 이들은 필요한 노력을 진정으로 쏟지 않는다.

이 모든 것에 대한 대답으로 좋은 소식을 들려주려 한다. 게으름을 제외하고는 나도 이런 장애물들을 직접 경험해 봤다는 것이다. 나는 실패의 두려움과 성공의 두려움, 자기 훼방과 행동하지 않는 모습을 이해한다. 이것들 뒤에는 신념이 있다. 신념이 우리를 이러한 장애물들로 몰아가는 것이다.

나는 어떻게 이 신념을 제거하고 놔 줘서 원하는 성과를 얻을 수 있는지 안다. 실제로 내가 설명하려는 정화의 도구들은 이 문제들을 돕기 위해 탄생했다.

혹자는 이렇게 생각할 수도 있다.

"절대 사실이 아니야. 나는 정말 행동으로 옮기고 싶어. 내가 행동할 수 있다고 믿어."

이 책에서 당신은 잃어버린 비밀을 발견하게 될 것이다. '우리는 의식적으로 믿는 바에 따라 움직이지 않는다'는 비밀이다. 우리는 잠재의식 또는 무의식에 심긴 신념에 따라 움직인다.

이 데이터베이스는 우리가 조금이라도 탐색하지 않는 한 보통 겉으로 드러나지 않는다. 숨어 있다는 뜻이 아니다. 단단히 밀봉돼 있다는 뜻도 아니다. 우리는 그저 잠재의식에 달린 등을 켜야 한다. 우리는 이 책을 통해 그 등을 켜게 될 것이며, 내가 소개하는 도구들은 신념 중 일부를 발굴하고 눈앞에 드러내는 데에 도움이 될 것이다. 일단 눈으로 확인하면 그 신념을 놔 줄 수 있다.

04

실패와 성공이
둘 다 두려운 심리

저항

실패의 두려움에 관해 이야기하자면, 나는 몇 년 전에 한 억만장자를 만난 적이 있다. 아주 유명하고 나이도 많았던 이 억만장자는 자신이 여러 실패를 경험했다고 말했다. 그는 파산도 했다. 다양한 아이디어를 시도해 봤지만 소용이 없을 때가 많았다. 그러나 이 억만장자는 실패에서 심오한 교훈을 얻었다.

"실패해도 나쁜 일은 벌어지지 않아요. 세상은 용서하고 잊는답니다. 실패에 질질 매달려 있는 유일한 사람은 바로 당신이에요. 실패에서 통찰과 교훈을 얻을 수 있다면 처음부터 실패는 없었던 거예요."

심지어 실패는 존재할 필요조차 없다. 실패를 실질적인 피드백이라 생각한다면, 실패에 새로운 이름을 지어 주고 재구성한다면, 세상에 실패가 어디 있겠는가? 우리는 무언가를 배운다. 마음을 가다듬고, 방향을 새로 바꾸고, 앞으로 나아간다.

바뀌고 싶지 않다는 생각의 관성

그다음으로는 성공의 두려움이 있다. 몇십 년 전, 나는 인터넷으로 많은 돈을 벌어들이다가 갑자기 한계에 부딪혔다. 나는 의아했다.

"어떻게 이럴 수 있지? 인터넷에 '당신은 너무 많은 돈을 벌었군요. 이제 그만 물러나세요'라고 규제하는 사람도 없는데."

그러니 저항은 내게서 나온 것이 분명했다. 나는 '내가 스스로를 훼방 놓고 있나? 이루고 싶은 성과로부터 멀어지도록 내가 그것을 밀어내는 것은 아닐까?'라고 생각했다. 앞으로 설명할 도구들을 활용해 나 자신을 정말 깊숙이 들여다봤다. 그러자 소름 끼치게도 내가 아버지보다 성공하고 싶어 하지 않는다는 사실을 깨달을 수 있었다.

나는 내가 그런 생각을 하는지조차 몰랐다. 이것이 내가 말하는 '숨겨진 신념'이다. 나는 상당한 돈을 쓰고 나서야 그런 신념이 존재하는지를 알 수 있었다. 나는 아버지의 마음을 다치게 할 수도, 아버지를 위협할 수도, 거드름을 피울 수도 있다는 생각에 아버지보다 돈을 더 많이 벌고 싶지 않았다. 따라서 나는 이 신념에 의문을 품어야 했다. 이 책을 통해 그 이야기를 해 보려 한다.

이 신념에 의문을 품던 나는 깨달았다.

'세상에나. 아버지는 내가 성공하기를 바라서. 아버지보다 더 많은 돈을 벌어도 상관하지 않으시지. 내가 더 많이 번다면 깜짝 놀라며 자랑스러워하실 거고, 내가 어떻게 하고 있는지 흥미를 갖고 궁금해하실 거야.'

성공에 관해 두려워할 것이 없으며 기존의 신념을 떠나보낼 수 있다는 점을 깨닫자 나는 더 많이 벌 수 있었다. 신념을 들여다봄으로써 더 훌륭한 결과를 얻은 것이다.

억만장자는 실패를 성과로 다르게 바라봤다.

"저는 그저 성과를 달성한 거랍니다."

당신이 바랐던 성과가 아닐지라도, 그리고 당신이 원하는 결과를 얻어 내는 방식이 따로 존재하더라도 실패를 성과로 바라볼 수 있다. 당신은 두려움이나 후회로 기죽지 않은 채 "나는 그 결과들을 바꾸고 싶어"라고 말할 수 있다.

어떤 사람들은 놓친 기회에 대해 이야기하기를 좋아한다. 그리고 많은 사람이 어느 특정 분야에는 성과를 낼 수 있는 기회가 존재하며 그 기회가 닫히는 일정 시점이 존재한다고 느낀다. 이들은 '그래, 기회가 있어. 그리고 내 인생이 어느 한 시점에 도착하면 그 옵션을 목록에서 지워 버려야 해'라고 생각한다.

그러나 사실 기회의 창은 열려 있으며, 짜잔! 바로 지금도 그 기회가 존재한다. 당신이 차근차근 통과하고, 펄쩍 뛰어넘고, 훨훨 날아갈 수 있는 기회의 창이 지금 열려 있다는 것이다. 기업가 리처드 브랜슨은 이렇게 말했다.

"기회는 버스와 같다. 한 대를 놓치면 또 다른 버스가 오기 마련이다."

또한 돈은 우주와 마찬가지로 속도를 좋아한다는 사실을 알아야 한다. 즉 당신에게 기회의 창이 활짝 열려 있을 때 그 돈을 놓치지 말라는 의미다. 꽉 붙잡아라. 그냥 떠나보내지 마라.

다른 것들은 대부분 단순한 자기 충족적 예언일 뿐이다. 당신이 믿는 한 현실이 될 제한의 신념이라는 말이다.

믿는 만큼
이뤄진다

변화

사람들은 자주 이렇게 말한다.

"조, 당신 의견에 동의해요. 하지만 그 제한된 신념이 자동으로 튀어나와요. 저는 그걸 막을 수가 없고요."

당신이 극단적으로 문제 있는 가정에서 아주 어렸을 때부터 자라나 그런 혼란스러운 신념이 더욱 굳건해졌다고 치자. 그리고 신체적으로, 성적으로, 혹은 어떤 방식으로든 학대당한 누군가가 있다고 하자. 사고나 해외 참전, 공개적으로 모욕을 당하는 등의 비참한 실패로 생기는 트라우마도 있다. 또한 원래 세상이 그렇다는 식으로 이야기하는 사회적인 프로그래밍과 또래의 영향도 존재한다. 매체와 SNS는 지속적으로 피해 의식이 담긴 사고방식을 불어넣는다.

반가운 소식은 이 모든 것이 치유될 수 있다는 점이다. 이 모든 것을 정화하고 극복해서 결국은 당신이 원하는 것을 손에 넣을 수 있으리라. 당신은 상처를 치유할 수 있다. 치유를 통해 궁극적으로 당신의 무한한 자아가 드러날 것이다.

많은 사람이 고군분투하며 필사적으로 살아간다. 이들은 자신을 피해자라고 생각한다. 나 역시 노숙자로 빈곤하게 살았던 시절에 그랬던 것을 분명히 기억한다. 나는 내가 피해자 같았고 세상이 나를 거부하는 것처럼 느껴졌다.

내게는 임무가 있다. 피해 의식을 선택의 문제로 만들어 버리는 임무다. 이 책에 실린 기술들은 당신의 입에서 나올 수 있는 어떤 말의 잔해도 깔끔하게 치우기 위해 만들어졌다. 어린 시절의 프로그래밍과 트라우마, 대대적인 실패, 사회적 프로그래밍마저 이 기술로 해결할 수 있다. 당신은 무고하게 프로그래밍당했다. 그것은 당신의 잘못이 아니지만 당신이 책임져야 할 일은 맞다. 비난할 필요도, 죄책감을 느낄 필요도 없다. 당신은 우연히 물려받아 지금 이 시점까지 갖고 있었다. 나는 당신이 이 불운한 유산을 치우게 도와줄 도구들을 전수하려 한다.

모든 제한에서 자유로워지는 법

제한의 신념은 어디에서 오는가? 일부는 문화에 스며 있고, 일부는 우리가 자라난 지역에 존재한다. 일부는 교육 제도에 담겨 있기도 하다. 이처럼 우리가 태어나고 자라난 환경에서 5세 이전까지 우리는 가족과 이웃을 비롯한 다른 사람들에게서 많은 정보를 다운로드한다.

나는 사람들에게 "혹시 부모님이 부처세요?"라고 묻고는 한다. 그럼 사람들은 껄껄 웃으며 "아니요"라고 대답한다. 우리 부모들에게는 자기들만의 프로그래밍이 있었고, 자기들만의 한계가 있었으며, 그들은 마찬가지로 순진하게 프로그래밍당했다. 당신이 몇 살이든 당신 또한 자신만의 신념을 그득히 갖고 있을 것이다.

좋은 소식은 당신이 그로부터 자유로워질 수 있다는 점이다. 나는 가망이 없던 사람이 이 정화의 기술을 어떻게 이용할지 배운 뒤 부유해지는 경우들을 봐 왔다. 이 도구들을 활용해 나는 내 뇌를 완전히 바꿔 놨고 가능성을 더욱 확장했다.

당신이 내적으로 노력할 때 누릴 수 있는 모든 가능성에 대해 생각하기 시작하면 나는 절로 미소가 지어진다. 이것이 바로 잃어버린 비밀이다. 당신이 물려받은 신념을 먼저 다뤄 보자. 그러고 나서 목표를 향해 나아간다면 당신은 바라던 성과를 이룰 수 있을 것이다.

이 바람직하지 않은 신념의 잔해들을 모두 정화하는 데에 얼마나 오래 걸릴지 궁금할 수도 있겠다. 좋은 질문이다. 지금 당장 당신의 신념을 들여다볼 기회를 주기 때문이다. 그 답은 당신이 어떻게 믿는지에 따라 달라진다. 아마도 당신은 '난 이 짐을 30년 동안 지고 다녔어. 다섯 살 때부터 붙들려 있었으니 조 비테일이 쓴 책 나부랭이를 읽는다고 하룻밤 만에 사라지지는 않을 거야. 상당한 노력이 필요하겠지. 상담사를 좀 만나야겠어. 부적이라도 좀 써야 할 거 같은데'라고 생각할 수도 있다. 그렇다면 당신은 더 오랜 시간이 걸리게 하는 신념을 만드는 것이다.

반면에 적질한 팁, 적절한 기술, 적절한 이야기, 적절한 영감, 적절한 순간과 적절한 인물이 있기에 변할 수 있다는 신념을 갖고 있다면 당신은 눈 깜짝할 사이에 변할 수 있다.

시간이 얼마나 걸릴까? 당신이 믿는 만큼이다.

나는 최면술사다. 어린 시절 최면술에 마음을 빼앗긴 나는 1960년대부터 최면술을 연구했다. 내가 말하는 최면술은 공연이나 재미를 위한 것이 아니라 상담용이다.

우리가 무의식에 말을 걸고 새로운 이야기를 주입할 때 무의식은 옛이야기와 그 이면에 있던 패러다임, 신념을 지울 수 있다. 당신은 여전히 당신이지만, 이제 당신을 가로막던 방해물과 한계, 장벽들은 떨어져 나갔다. 왜냐고? 당신에게는 새로운 현실이 생겼기 때문이다. 이 새로운 현실은 이야기를 바탕으로 한다.

얼마나 오래 걸릴까? 얼마나 오래 걸릴 것이라고 믿는가? 변화는 당신이 이 장을 읽는 사이에도 일어날 수 있다. 우리가 살펴볼 기술 가운데 하나로도 변할 수 있다. 오늘 밤 당신이 자고 있을 때 벌어질 수도 있다. 당신이 이 책을 읽는 동안 그 안의 생각들이 당신의 영혼에 뿌리를 내린 채 무럭무럭 자라나고 있었기 때문이다. 오늘 밤 당신은 꿈속에서 "와! 내게 주입된 모든 신념을 떠나보낼 수 있어!"라며 깨닫고, 아침에는 그것들을 훌훌 털어 내며 깨어날 수 있다. 이 모든 것이 꿈속에서 벌어질 정도로 쉬운 일일 수도 있다.

여기서 중요한 팁 하나. 우리는 보통 자신이 가진 제한의 신념을 알아차리지 못한다. 그래서 이런 책이 그토록 유용한 것이다. 책은 거울이 돼 준다. 이야기와 과정, 기술에 관해 읽다 보면 '아하!' 깨닫는 순간이 찾아오고, "와, 이게 제한의 신념인 줄은 몰랐네" 하며 깨닫게 된다. 지금 당신이 그렇다는 얘기다.

한번은 친구와 점심을 먹는데 이런 얘기를 들었다.

"확언은 내게 효과가 없더라고."

나는 그녀를 바라보며 물었다.

"그게 확언이라는 건 알아?"

친구는 무의식적으로 "확언은 내게 효과가 없어"라며 확언하고 있었다. 그래서 우리는 코칭과 멘토링을 받거나 이런 종류의 책을 통해 자신의 신념에 대해 깨달아야 한다. 그때서야 우리는 신념에 의문을 품을 수 있다. 신념은 그렇게 사라진다.

이 책을 읽는 동안 당장의 걱정이나 문제점, 그리고 당신이 얻고 싶은 성과들을 떠올려 보자. 그 사안을 해결하는 데에 무엇이 도움될지 염두에 두면서 이 책을 읽을 수도 있다. 어떠한 문제를 겪고 있거나 무언가에 도전을 시도한 사람이라면 지금쯤 이런 의문을 품어야 한다.

"이 자료는 내게 어떤 식으로 도움이 될까?"

당신이 원하는 성과에 다가가기 위해 적용할 수 있는 핵심과 문구, 이야기, 기술에 주의를 기울여 보자.

꿈을 현실로 바꾸는
생각 혁명

- 우리는 자라면서 사회로부터 신념을 물려받는다. 가능성을 끌어올리고 싶다면 먼저 자신의 내면을 들여다보라. 우리는 잠재의식에 숨겨진 신념을 바탕으로 움직인다.

- 우리는 자신이 가진 신념을 알지 못한다. 경제적으로 성공하고 싶다면 돈에 대한 신념을 살펴보라. 돈이 나쁘다고 생각하는가? 부자들이 나쁜 짓으로 돈을 번다고 생각하는가? 이는 사실이 아니라 제한의 신념이다.

- 실패는 존재하지 않는다. 실패를 실질적인 피드백이라고 생각하라. 실패에 매달려 있는 유일한 사람은 바로 당신이다.

- 피해 의식에 빠지지 마라. 당신의 현실이 아니다. 당신이 믿는 한 현실이 될 수 있는 자기 충족적 예언이다. 피해 의식을 선택의 문제로 만들어라.

- 얼마나 오랫동안 신념에 붙들려 있었든 지금 당장 그것으로부터 벗어날 수 있다. 가능하다고 믿는다면 말이다.

YOUR
UNLIMITED
SELF

2장

내가 나를
믿는 데서
출발한다

나로부터 시작하는 법

나는 힘과 자신감을 찾아 항상 바깥으로 눈을 돌렸지만
자신감은 내면에서 나온다.
자신감은 항상 그곳에 있다.

안나 프로이트(심리학자)

피해자로 살 것인가
책임자로 살 것인가

책임

깨어남의 4단계가 있다. 이것은 헷갈리고 모순되는 이 세상의 모든 심리학, 철학, 형이상학, 사례들을 이해하는 데에 도움이 된다. 이것을 살펴보고 "어떻게 이렇게 특정한 삶의 방식이 존재할 수 있지? 정반대로 이렇게 다른 방식이 어떻게 같은 세계에 존재할 수 있지? 어떻게 이게 가능하지?"라고 묻게 될지도 모른다.

나는 의식에 단계가 존재한다는 사실을 알았고, 이를 '깨어남의 4단계'라 부르기로 했다. 먼저 1단계와 2단계를 알려 주겠다. 나머지 3단계와 4단계는 더 훌륭하다. 내가 2단계를 어떤 식으로 묘사했는지를 보면 후반의 단계들은 미치도록 멋지다는 사실을 예상할 수 있을 것이다. 나는 이 책의 마지막 장에서 그 단계들을 공개하려 한다. 그것들은 단순한 신념을 뛰어넘어 인생을 영적으로 이해하는 더 심오한 경험으로 우리를 이끌기 때문에 특히나 강력하다.

깨어남의 1단계와 2단계

1단계. 피해 의식

헨리 데이비드 소로는 이렇게 말했다.

"대다수의 남자는 조용한 절망의 삶을 살아간다."

물론, 오늘날에는 남자와 여자와 아이들이 조용한 절망의 삶을 살아간다고 말해야겠다. 이 단계에서 사람들은 자신이 피해자라고 느낀다. 혼자라고 느끼며, 아무런 힘도 없다고 느낀다. 원하는 것을 얻기 위한 기량이나 기술도 없으니 여러 의미에서 좀비와 같다. 이들은 죽은 채로 걸어 다닌다. 나도 그랬기 때문에 이 단계가 어떤지 잘 안다.

2단계. 임파워먼트

임파워먼트Empowerment는 자신에게 생각보다 더 많은 능력이 있다는 사실을 깨닫는 시기를 의미한다. 이 단계에 접어들면 사람들은 자신이 어린 슈퍼맨 또는 슈퍼우먼이라도 된 것처럼 느끼며, 원하는 성과를 얻기 위한 기술들을 배우기 시작한다. 시각화와 확언을 시도한다. 행동하기 시작하고 더욱 긍정적인 결과를 얻는다. 이 단계는 강력하고 스릴이 넘친다. 나는 모든 사람이 임 파워먼트 단계에 접어들기를 바란다. 나가떨어져 죽은 척하는 피 해자가 되는 것보다 그게 훨씬 낫기 때문이다.

당신이 어느 단계에 있는지를 어떻게 판단해야 하는지 궁금할 수도 있다. 가끔 우리는 스스로를 속이려 한다. 특정 영역에서 1단 계에 있는데도 분명 2단계에 있다고 생각한다. 당신이 어느 단계에 있는지를 확인할 가장 쉬운 방법은 당신이 누구를 비난하는지 살 펴보는 것이다.

'문제는 정부야', '문제는 테러리스트야', '문제는 내 가족이야', '문 제는 내 이웃이야', '문제는 내 상사야', '문제는 경제야'

만약 당신이 누군가를 비난한다면, 저 멀리 어딘가를 바라보며 이렇게 말한다면, 당신은 피해 의식을 서술하고 있는 것이다.

당신이 책임을 진다면, 다시 말해 자신을 비난하는 대신 "내가 나의 현실을 창조했어. 새로운 성과를 얻는 방법을 배웠으니 이 제는 완전히 다른 현실을 창조할 거야"라고 말한다면 이는 당신 이 임파워먼트 단계로 들어서는 중이라는 의미다.

이때 인생의 다양한 카테고리를 살펴보는 것이 현명하다. 연애 나 인간관계에서 스스로가 피해자인 것 같더라도 사업에서는 좀 더 유능한 사람이라고 느낄 수도 있기 때문이다. 나는 당신이 모 든 영역을 임파워먼트 단계로 이끌어 가기를 바란다. 훗날 우리는 사다리를 타고 좀 더 높은 단계로 향할 것이며 분명 피해 의식 단계에 머무르고 싶지 않을 것이다.

피해 의식은 행복한 단계가 아니다. 건강한 단계나 창조적인 단계도 아니다. 빛이 들어오지 않는 곳이며 어둠에서 비롯된 곳이다. 피해 의식 단계는 당신이 정말로 살아남을 수 있는 곳이 아니다. 어떤 면에서는 죽음에 더 가깝다.

따라서 어디에 서 있는지 알아차려야 한다. 누군가를 비난하고 있는가? 그렇다면 당신은 피해 의식 단계에 있을 수도 있다. 자신의 삶에 책임을 지고 앞으로 나아가려 하는가? 그렇다면 당신은 임파워먼트 단계에 있다. 나는 바로 그 단계에서 시작하려 한다. 임파워먼트는 무한한 자아로 다가서기 위한 관문이다.

현실은
우리 내면의 반영이다

확증 편향

앞에서 이미 신념에 관해 논했지만, 더 깊숙이 파고들어 신념이 정확히 무엇이며 사람들이 신념이라 생각하는 다른 개념들과 어떻게 구분되는지 분명하게 밝혀 보자.

우선 신념Belief과 믿음Faith 의 차이를 살펴보자. "제게는 종교적 믿음이 있어요", "저는 이 나라의 지도자들을 믿어요"라고 말한다면 이 '믿음'은 신념과 같은 의미인가, 다른 의미인가?

몇 년 전 나는 《믿음Faith》을 쓰면서 세 가지 믿음이 존재한다고 말했다. 자기 자신에 대한 믿음, 세상, 즉 다른 사람에 대한 믿음, 그리고 더 고귀한 힘에 대한 믿음이다. 이 세 가지 믿음은 신념을 바탕으로 한다. 믿음은 자기 자신과 다른 사람, 더 고귀한 존재에 대한 신념이 바탕에 깔려 있다. 신념과 믿음 모두 선택을 기반으로 한다. 따라서 당신이 스스로를 좀 더 믿고 싶다면 가장 중요한 것은 신념이다.

더 깊숙이 들어가 보자. 누군가가 자신이나 다른 사람, 혹은 더 고귀한 힘을 믿지 않기로 했을 때 그 이면에도 신념이 존재한다. 우리가 신념을 바탕으로 움직인다는 사실을 이해하는 것이 그래서 그토록 중요한 것이다. 그러나 우리는 이 사실을 깨닫지 못한다. 신념은 잠재의식이나 무의식에 존재하기 때문이다. 신념을 표면으로 끌어올려 그것에 의문을 품을 수 있어야 한다.

누군가가 "저는 제게 믿음이 없어요"라고 말한다면, 그럴 리가 있는가. 이 사람은 자신에게 신념을 갖고 있다. 대개 과거에 비춰 본 스스로에 대해 신념을 가진다. 아마도 이들은 자신이 뭘 하고 있는지도 잘 모르고, 충분한 교육도 받지 못한 채로 무언가를 시도했다가 원하는 대로 되지 않아 스스로가 변변치 않은 사람이라고 결론을 내렸을 수도 있다.

이 모든 결론이 신념이다. 그러므로 신념을 탐색하는 것이 중요하다. 신념을 바꾸면 완전히 다른 우주를 얻을 수 있다. 다르게 말하면, 신념을 바꾸면 완전히 다른 성과를 이룰 것이다.

셔츠가 보라색이라는 '사실', 보라색이 행운의 증표라는 '신념'

신념과 사실에는 분명한 차이가 있다. 그 차이점은 우리에게 매우 유용하다. 신념이 무엇이고 자신만의 신념은 또 무엇인지 궁금해지기 시작했다면 신념과 사실의 차이점을 들여다봐야 한다.

예컨대 눈앞의 탁자 위에 노란색 연필이 놓여 있다고 치자. 그 연필을 집어 들며 노란 연필이 내게 행운을 가져다준다고 믿을 수 있다. 내게 그 연필은 행운을 의미한다.

당신은 노란 연필이 무엇으로 보이는가? 글을 쓰는 도구, 무언가를 그리는 도구로 보일 것이다. 가운데에 HB 흑연이 박혀 있고 끄트머리에 지우개가 달린 노란 연필. 이것은 사실이다. 그러나 내게는 행운을 의미한다. 이것은 신념이다. 누군가는 연필을 무기로 볼 수도 있다. 자신을 보호하는 데에 쓸 수 있기 때문이다. 연필을 다트로 사용할 수도 있다. 그럴 때는 스포츠용이 된다. 우리는 이 물건이 연필이라는 사실에 동의할 수 있다. 그러나 내가 "연필은 행운이야"라고 말할 때 이것은 연필에 대한 신념이 된다.

"나는 연설할 때 보라색 셔츠만 입어. 보라색 셔츠를 입으면 최고의 연설을 할 수 있거든"이라는 말도 마찬가지다. 이것은 보라색 셔츠에 대한 신념이다. 그 셔츠가 보라색이라는 것은 사실이다. 그 셔츠를 보고 우리 대부분은 그 색깔에 대해 동의할 것이다. 그러나 "보라색 셔츠는 내게 최고의 연설 능력을 부여하지"라고 말하며 사실에 투영하는 감정은 신념이다.

돈이 나쁘다고 말하는 것도 마찬가지다. 이는 사실인가, 신념인가? 돈은 종이와 동전으로 만들어져 합의를 기반으로 사용되는 교환의 수단일 뿐이다. 좋은 것도 나쁜 것도 아니며 중립적이다. 누군가 돈이 나쁘다고 말했다면, 이는 신념이다. 사실이 아니다.

사실은 보통 측정이 가능해 모든 사람이 동의할 수 있다. 우리는 모두 연필의 외적인 특성에 동의한다. 노란색이다, 몇 센티미터다 등의 방식으로 말이다. 그러나 연필이 행운의 상징이라고 말한다면 모든 사람이 동의하지는 않을 것이다. 때문에 이것은 분명 사실이 아니고 신념이다.

우리는 "모두 여기에 동의하세요?"라고 물을 수 있다. 모두가 동의한다면 이는 사실에 가깝다. 이견이 존재하거나 혼란과 의문을 마주한다면, 우리는 이것이 신념의 특성을 띤다고 말할 수도 있다. 우리는 자신의 신념 중 무엇이 지금의 나를 지지하고, 내가 바라는 성과를 얻도록 뒷받침해 주는지 물어봐야 한다.

사람은 믿고 싶은 것만 믿고, 보고 싶은 것만 본다

누군가가 이렇게 말했다고 해 보자.

"저는 사업가가 되고 싶고 혼자 힘으로 부자가 되고 싶어요. 하지만 지금의 경제 상황으로는 어려워요."

우리는 모두 이 말에 동의할 것인가? 그러지 않으리라. 많은 사람이 동의한다면 이는 제한의 신념을 지지하는 청중들이 있다는 의미다. 동시에 리처드 브랜슨이나 빌 게이츠처럼 신나는 일들을 벌이는 과감하고 대담한 사람들이 "지금이 사업가가 될 일생일대의 기회예요. 이 세상에 한계란 없어요"라고 말할 수도 있다.

앞서 언급했듯이 우리는 신념이 이끄는 우주에 살고 있다. 따라서 삶은 시각적 환상이다. "저는 사업가가 되고 싶어요. 하지만…"이라고 말한다면 자신의 신념을 바탕으로 상황에 관해 이야기하는 셈이다. 이들은 우주를 들여다볼 때 가능성의 세계를 들여다본다. 신문을 읽거나 인터넷을 찾아볼 때 자신의 신념에 맞는 부분만을 본다. 그러다 신념과 일치하는 부분을 발견하면 "봤지? 내가 그렇게 말했잖아"라고 말하리라.

여기에 필요한 결정적 한마디가 있다. 내면의 신념을 바꾸면 당신의 인식과 마음가짐도 바꿀 수 있다. 동일한 우주를 바라봐도 이제는 그 우주가 새로운 신념에 들어맞는 것들을 제시한다. 어떻게 이런 일이 벌어질 수 있을까? 과학에 따르면 우리 뇌에는 거울 뉴런이 존재한다. 거울 뉴런은 우리가 이미 생각하고 있는 것에 맞는 짝을 찾아낸다. 칼 융과 다른 위대한 심리학자들은 이 세상에 존재하는 것은 우리 내면에 존재하는 것을 거울처럼 반영한다고 말하기도 했다. 이처럼 당신이 내면을 바꾸면 전혀 다르게 반영된 세상을 보게 된다.

나는 인생이 시각적 환상이라고 말하는 것을 좋아한다. 이토록 많은 사람이 동일한 우주에서 살아가면서도 서로 반대되는 신념을 가질 수 있는 이유가 여기에 있다. 이들은 자신의 신념에 들어맞는 것만을 선별적으로 본다.

08

원하는 대로 이뤄지는
3일의 법칙

패러다임

이 모든 이야기를 다시 성과와 연결 지어 보자. "나는 내가 원하는 것을 이루지 못하고 있어" 혹은 "나는 내가 바라는 성과에 가까워지고 있어" 같은 서술들은 이미 작동 중인 일련의 신념을 바탕으로 이뤄진다. 이 일련의 신념을 '패러다임'이라고 한다.

이 책을 통해 나는 당신의 패러다임을 드러낼 것이다. 당신은 무엇이 지금의 성과를 가져다줬는지 알 수 있을 것이다. 패러다임이 마음에 들지 않거나 당신의 성과가 마음에 들지 않는다면 바꾸면 된다. 당신은 새로운 신념을 장착해 선호하는 성과를 얻기 시작할 것이다. 당신에게는 당신이 인위적으로 부여한 제한을 훌쩍 뛰어넘을 재능과 능력이 비축돼 있다. 패러다임이 그 비축

고에 다가설 수단이라는 사실을 이해하고 깨닫는다면 당신의 삶과 매일의 성과는 완전히 달라질 것이다.

뇌의 망상 활성계를 컨트롤하는 방법

내게는 '3일의 법칙'이라 부르는 개념이 있다. 지금 당신이 보고 느끼는 바가 대개는 약 3일 안에 이뤄진다는 것을 의미한다. 그러나 항상 이뤄지지는 않는다. 당신에게는 그것이 실현되지 못하게 막고 지연시키는 신념이 있기 때문이다. 당신이 무언가를 서술하고 시각화하고 반복하며 그 안에 특정한 감정을 주입한다면 보통은 약 3일 안에 실현된다. 단, 반대되는 행동을 하며 원치 않는 것들에 초점을 맞춰서는 안 된다.

과학적으로 무슨 일이 벌어진 것일까? 이는 망상 활성계가 반응한 결과다. 망상 활성계는 심상, 감정, 반복에 반응한다. 망상 활성계를 활용하는 방법은 다음과 같다.

1. 원하는 성과를 시각화하라

우리는 이루고 싶은 성과를 시각화해야 한다. 어떤 모습인가? 자동차인가? 사업인가? 인간관계인가? 이미지나 그래픽적인 형상을 어느 정도 창조해 보자. 당신은 그 이미지를 원한다. 그것이 바로 목표물이다.

2. 감정에 집중하라

우리는 감정 없이 그 무엇도 만들지 않는다. 불행히도 대부분의 사람은 미워하거나 두려워하는 대상에 집중한다. 두려움과 미움은 사람의 정신을 지배해서 결국 사람들은 두려움과 미움에 끌리고 만다. 나는 당신이 사랑하는 대상에 집중하기를 바란다. 무엇을 원하는가? 무엇에 흥분하는가? 어디에 열광하는가? 긍정적인 감정이 중요하다. 당신은 그것을 통해 원하는 성과의 이미지를 갖게 된다. 이제 당신에게는 성과를 위한 긍정적인 감정, 즉 사랑이 있다.

3. 반복하라

사람들이 비전 보드를 만드는 이유가 여기에 있다. 사람들은 벽이나 거울 혹은 컴퓨터 배경 화면에 자신이 원하는 것의 이미지를 붙이거나 띄워 놓는다. 감정을 담아 그 그림을 반복적으로 바라보자. 망상 활성계가 "나는 이 성과를 원해"라고 말하도록 프로그래밍하기 위해서다. 잠재의식은 마법처럼 당신이 그 성과를 실현하도록 삶의 방식을 조종할 것이다.

이 순간부터
시작이다

시작

　당신의 맑은 정신과 최상의 성과를 위해서 나는 책을 통해 신념을 재설계하는 기술들을 알려 줄 것이다. 여기에서 제시한 순서에 따라 훑어보기를 추천한다. 그럼 각 도구가 어떤 역할을 하며 어떻게 작동하는지 기본을 이해할 수 있을 것이다.

　그다음에는 원하는 기술을 선택하자. 이 책을 정화의 기술이 총집합한 뷔페 정도로 생각해 주면 좋겠다. 차례대로 따라가며 어떤 기술들이 있는지 확인하고 각 장이 보여 주는 사례들을 참고한 다음에 당신에게 가장 매력적으로 느껴지는 기술을 활용하는 것이 좋다.

　이제 나는 누구의 발목도 잡고 싶지 않다. 흥미로워 보이거나 당장 뛰어들고 싶을 정도로 창의적인 충동을 일으키는 것이 있다면 바로 뛰어들자. 파이팅! 그리로 뛰어들어 한껏 받아들이고 실천하자. 그러다 어느 순간 다시 돌아와서 나머지 기술들을 훑어보자. 훌륭한 뷔페처럼 이 책에도 처음에는 그냥 지나쳤던 매력적인 부분들이 있을 수 있다.

자기 자신에게 솔직해져라

혹자는 어느 신념이 최고의 성과로 이어지는지 묻기도 한다. 당신이 할 수 있는 가장 현명한 일은 스스로에게 간단한 숙제를 내는 것이다. 100명과 일해 본 결과, 이루고 싶은 성과를 서술할 때 그 성과를 가로막는 제한의 신념이 표면으로 슬며시 드러난다는 사실을 발견했기 때문이다. 그러니 이렇게 하자.

1. 당신의 목표를 서술하라

당신은 어떤 성과를 바라는가? 그 내용을 기록하자. 휴대폰으로 메모하거나 다른 어딘가에 적어도 좋지만, 펜을 들고 종이 위에 써야 실제로 그 성과를 보고 느낄 수 있다. 손으로 직접 기록하고 있기 때문이다.

"이것이 내가 원하는 성과다. 나는 이것을 달성할 것이다"라고 쓰자. 넓고 대담하고 명료하게 생각하자. 주눅 들지 말자. 아무런 제약 없이 생각하자. 그저 솔직해지기 위해 최선을 다하자. 그리고 가장 간절한 소망 중 하나를 들어줄 누군가를 만났다고 가정해 보자. 어떤 일이 일어날까? 그 이야기를 써 보자.

2. 바라보고 느끼고 상상하라

그 후 두 번째 단계는 그 문장을 바라보고, 느끼고, 상상하는 것이다. 당신이 희망하는 성과를 가만히 살펴보며 어떻게 느껴지는지 말해 보자.

마음속으로 무엇이 떠오르는가?

어떤 생각이 떠오르는가?

성과를 달성하지 못하도록 당신을 위축시키는 것은 무엇인가?

제한의 신념일지도 모를 무언가가 표면으로 둥둥 떠오르는가?

'나는 너무 늙었어', '나는 너무 어려', '나는 너무 뚱뚱해', '나는 너무 말랐어', '내게는 자원이 없어', '내게는 돈이 없어', '내게는 인맥이 없어', '어디서부터 시작해야 할지 모르겠어'

수도 없이 많은 이야기가 떠오를 수 있지만 일단 다 적자. 그 생각들이 당신을 저지하는 신념에 대해 알아낼 수 있는 단서가 될 것이다.

이 기술은 매우 강력하고 계시적인 데다가 실행하기가 매우 쉽다. 나도 이 글을 쓴 뒤에 직접 해 볼 것이다. 끝없이 등장하는 온갖 제한의 신념을 발견하는 데에 매우 유용하기 때문이다. 그러니 당신의 포부를 써 보자. 당신의 목표는 무엇인가? 희망하는 결과는 무엇인가? 가능한 한 확실하고 명료하게 밝히자. 자신에게 솔직해지자. 주춤거리지 말자. "이게 내가 원하는 성과야"라고 말하자.

우리는 다음 장들을 읽어 나가면서 당신을 제한하는 신념들을 격파해 나갈 것이다. 그럼 당신의 무한한 자아로 이어지는 출입구가 활짝 열리고 당신이 바랐던 성과를 얻기가 훨씬 쉬워질 것이다.

꿈을 현실로 바꾸는
생각 혁명

- 당신이 피해 의식과 임파워먼트 중 어느 단계에 있는지 확인하려면 누구를 비난하는지 살펴보라. 비난에는 피해 의식이 담겨 있다.

- 측정이 가능해서 모든 사람이 동의할 수 있다면 사실이다. 그러나 사람들의 이견이나 의문을 마주한다면 이는 신념이다.

- 신념을 바꾸면 현실도 바뀐다. 당신이 믿는 것이 현실이 된다. 우주가 새로운 신념에 들어맞는 것들을 제시하기 때문이다.

- 망상 활성계가 좋아하는 심상, 감정, 반복을 활용하면 원하는 성과를 더욱 빨리 얻을 수 있다.

- 숨겨진 신념을 찾고 성공의 가능성을 높이는 법
  1) 이루고 싶은 인생의 목표들을 빠짐없이 기록하라.
  2) 불가능하다고 말하는 내면의 신념들을 발견하라.
  3) 다음 장에서 안내하는 정화의 기술들을 사용해 부정적인 신념을 제거하고 당신을 지지하는 신념으로 바꿔라.
  4) 당신을 기다리는 무한한 가능성의 우주로 뛰어들어라!

YOUR
UNLIMITED
SELF

3장

어떻게
긍정적으로
생각할 수 있을까?

사고를 전환하는 법

사람들은 존재하는 것들을 보며 '왜지?'라고 말한다.
나는 존재한 적 없는 것들을 꿈꾸며 '왜 안 돼?'라고 말한다.

조지 버나드 쇼 (극작가)

10

사실이라고 믿는 것은
사실이 아니다

역발상

먼저 정화의 기술을 둘러싼 몇 가지 잘못된 개념을 정리하며 시작해 보자. 우리의 의식을 정화하기 위한 이러한 기술들이 지나치게 단순화된 방법이라고 여기는 사람이 있을 수도 있다. 심리학과 정신 의학에 따르면 어떤 사람들은 삶에 대한 신념과 태도들을 차곡차곡 쌓았기에 이를 바꾸는 데에 몇 년이 걸릴 수도 있다. 깊숙이 자리한 심리의 상태와 어린 시절에 각인된 기억, 트라우마 때문이다. 또한 뇌 신경 과학은 다른 사람보다 더 긍정적이거나 우울감에 젖기 더 쉬운 유전적 소인이 존재한다는 사실을 보여 주기도 한다.

내게는 우리가 무한한 가능성의 우주에 살고 있음을 증명할 다양한 과학적 정보가 있다. 당신이 가진 것을 영원히 지니고 살아야 할 운명이라는 말은 사실이 아니다. 뇌 신경 과학은 당신이 무엇을 갖고 시작하는지는 중요치 않다는 사실을 잇달아 증명하고 있다. 사람들은 뇌를 재설계하며 살아간다.

《나는 내가 죽었다고 생각했습니다My Stroke of Insight》를 쓴 뇌 과학자 질 볼트 테일러는 뇌졸중을 겪었다. 좌뇌의 일부를 사용하지 못해 뇌의 나머지 부분으로 모든 일을 해결하는 방법을 배웠다. 초창기 과학자들은 그것이 불가능하며 뇌의 일부를 사용할 수 없게 되면 다른 반쪽으로 대신할 수 없다고 말했다. 그러나 우리는 그 말이 사실이 아님을 발견했다.

생물학자 브루스 립튼은 《당신의 주인은 DNA가 아니다The Biology of Belief》를 쓰면서 DNA와 신념을 연결 지었다 말았다 할 수 있다는 사실을 후성 유전학을 통해 설명했다. 이 책은 사람들에게 이렇게 말한다.

"당신은 더 이상 핑계를 댈 수 없어요. 그래요, 당신은 힘겹게 자랐고, 학대당했고, 나쁜 것을 물려받았어요. 하지만 그렇다고 그것들이 당신을 가로막을 수는 없어요. 당신은 다시 생각을 가다듬을 수 있고 다시 집중할 수 있어요."

그다음으로는 《당신이 플라시보다You Are the Placebo》를 쓴 박사 조 디스펜자가 있다. 이 책은 당신이 믿는 대로 현실이 된다고 강조한다. 다른 사람들은 "그 약은 진짜 약이 아니야. 그냥 플라시보야"라고 말하지만 효과는 모두 똑같다. 당신이 믿는 것이 진짜라는 뜻이다.

과학은 우리가 원하는 것은 무엇이든 갖고, 하고, 될 수 있다는 생각들로 우리를 채워 준다. 유일한 한계는 당신 스스로 만드는 것이다. 무엇이 가능한지에 대한 당신의 생각에서 한계가 자라난다. 이게 무슨 뜻일까? 당신이 무엇을 할 수 있는지 생각하는 것 역시 신념이라는 뜻이다.

또 다른 책으로는 제프리 슈워츠와 레베카 글래딩이 쓴 《뇌는 어떻게 당신을 속이는가You Are Not Your Brain》가 있다. 과학적인 증거가 당신의 뇌와 몸으로부터 당신이 거의 분리돼 있다고 가리킨다. 우리에게는 신비롭고 초인적인 힘이 있다. 그 힘이 스스로를 위해 존재한다고 믿을 때 비로소 그 힘을 발휘할 수 있다. 내가 설레는 이유가 여기에 있다. 정화의 기술 하나하나가 당신이 적은 성과들을 이룰 수 있도록 당신에게 힘을 불어넣는다.

묻고 답하고 깨닫는 소크라테스 문답법

이 장에서 소개할 기술은 소크라테스 문답법이다. 이 기술은 기원전 5세기에 활동했던 그리스 철학자 소크라테스가 발명했다. 소크라테스는 사람들이 통찰력을 얻을 수 있도록 돕기 위해 이 기술을 사용했고 소크라테스 이후로도 이 기술을 사용한 수많은 스승이 존재했다.

《사랑이란 함께 행복한 것To Love is to Be Happy With》을 쓴 배리 닐 코프먼에게는 자폐증을 앓는 아들이 있었다. 배리는 그 당시에 가능했던 과학적인 방법들로 아들을 치료하기 위해 노력했다. 하지만 전문가들은 "당신에게는 다른 아이들도 있잖아요. 이 아이는 그냥 포기하세요. 당신이 할 수 있는 일은 아무것도 없습니다"라고 말했다.

배리는 이 의견을 받아들이지 않았다. 과학계에 의문을 품기 시작했고, 자폐증을 둘러싼 일반적인 신념에 대해서도 의문을 품었다. 그는 아들과 시도할 수 있는 나름의 방식들을 개발했다. 그로부터 7년 후 아들은 더 이상 자폐가 아니라는 진단을 받았고 지금은 완연한 성인이 됐다. 배리는 자신의 경험을 담아《사랑의 프로그램 썬라이즈Son-Rise》를 썼으며, 이것은 동명의 영화로도 제작됐다.

배리는 브루스 디 마르시코로부터 배운 기술을 발전시켰다. 신념에 의문을 품는 기술이었다. 나는 이 주제를 조사하면서 또 다른 스승인 모티 레프코를 알게 됐다. 내가 오늘날까지도 몹시 그리워하는 그는 신념에 의문을 품는 구체적인 방법이자 특별한 정화의 기술을 개발한 사람이었다. 나는 레프코와 긴밀하게 일했다. 그 후 나는 제인 로버츠와 세스 매트리얼의 형이상학적인 자료들에 더 깊이 파고들었다. 작가 제인 로버츠는 서양식 점판인 '위저 보드'를 통해 자신이 궁금해하던 것들을 묻고 답하는 과정에서 '세스'라는 초월적인 존재를 만났고 세스의 가르침으로 인생의 교훈을 얻었다.

가장 중요한 것은 신념에 의문을 품는 것이었다. 그 후 나는 내가 어떤 신념을 갖고 있는지 찾아냈고, 의문으로 신념을 바꾸기 위해 머릿속으로 엑스레이를 돌리기 시작했다. 나는 그렇게 소크라테스 문답 기법이라는 도구를 만들어 냈다. 이 도구는 특정한 신념에 대해 자신에게 물어볼 몇 가지 질문으로 구성돼 있다.

이 도구를 사용하는 것은 내적인 작업이다. 나는 사람들에게 주로 의문을 적어 보라고 말한다. 자기 자신과 머릿속으로 대화하다 보면 같은 자리를 빙빙 돌게 되기 때문이다. 생각은 머릿속에서 이뤄지기 때문에 눈으로 볼 수 없다. 신념이 현실처럼 느껴져 그것들에 의문을 품지 않는다. 의문을 품는 일조차 벌어지지 않기 때문에 질문도 하지 않는다.

11

할 수 없다는 생각에서
빠져나오라

의문

우리는 이미 원하는 결과를 적고 표면으로 드러나는 제한의 신념들을 살펴봐야 한다는 것을 이야기했다. 당신이 바꾸고 싶은 제한의 신념을 써 보자. 예를 들어 "내겐 돈이 별로 없어."라고 쓰는 것이다. 이제 당신에게는 잠재적인 제한의 신념을 정리한 목록이 생겼다.

60세에 싱어송라이터로 데뷔한 비결

이 목록으로 무엇을 할까? 질문을 하자. 어떻게 질문할까? 아주 간단하다. 그냥 묻는 것이다.

'이것은 신념인가, 사실인가?'

신념에 의문을 제기하는 좀 더 과학적인 공식을 제시해 보겠다. 일단 눈앞에 신념들을 써 보자.

'시간이 별로 없다.'

'돈이 별로 없다.'

'첫발을 어떻게 내디뎌야 할지 모르겠다.'

'내가 충분히 잘하고 있다고 느껴지지 않는다.'

'나는 그다지 똑똑한 것 같지 않다.'

또 다른 신념도 마저 떠올려 보자. 무엇이 떠올랐는가? 그중 한 가지를 골라 보자. 그런 다음 스스로에게 물어보자.

"나는 이 신념에 대해 무엇을 믿는가?"

머릿속에 떠오르는 것은 무엇이든 써 보자.

두 번째 질문은 '나는 그것을 왜 믿는가?'다. 중요한 질문이다. 당신의 신념을 뒷받침하는 근거를 찾아보는 것이다. 어디서 나온 신념인가? 왜 그 신념을 믿는가? 검사라도 된 것처럼 생각해 보자. 신념에 관해 재판 중인 당신은 이렇게 묻는 것이다.

'이 신념에 대한 근거는 어디에 있죠?'

몇 년 전, 막 60세가 됐을 무렵 나는 뮤지션이 되겠다고 결심했다. 버킷리스트에 적혀 있던 꿈이었다. 스튜디오에 가서 직접 녹음을 해 보고 싶었지만 그때까지는 그럴 기회가 없었다.

그때 제한의 신념이 모두 고개를 들기 시작했다.

'내겐 아무런 재능이 없어.'

'나는 어떻게 노래하는지도 몰라. 샤워하면서도 노래는 안 하는데.'

'나는 작곡하는 법을 몰라.'

내게는 기타가 있었지만 칠 줄 아는 코드는 고작 세 개였다.

'나는 아무것도 몰라. 밴드와 함께 어떻게 작업하는지도 몰라. 음악 스튜디오에서는 어떻게 해야 하는지도 몰라.'

나는 미국의 유명한 가수 레이 와일리 허버드와 케빈 웰치에게서 작곡 수업을 들었다. 레이 와일리 허버드는 멋들어진 말을 했다. 무언가 새로운 일을 시도할 때마다 여전히 그만의 제한의 신념이 나타난다는 것이었다. 그래서 나는 사람들이 제한의 신념을 갖고 있는 경우가 드물다고 생각하지 않는다. 이 신념들은 해 본 적 없는 일을 새롭게 시도할 때마다 우리 앞에 등장한다. 그러니 스스로에게 관대해지자. 우리는 모두 제한의 신념을 갖고 있다. 나 역시 마찬가지다.

레이 와일리 허버드는 제한의 신념이 나타날 때 중요한 질문을 하나 던진다고 했다.

'내가 이 일을 할 수 없다는 근거가 어디에 있는가?'

이 이야기는 내 인생의 전환점이 됐다. '아무런 근거도 없네?' 하고 깨달았기 때문이다. 내게는 뮤지션이자 싱어송라이터가 되겠다는 신념이 있었다. 무대에 오른다는 생각만으로도 겁에 질렸지만, 그런 이유로 뮤지션이 될 수 없을 것이라는 신념에는 그 어떤 근거도 없었다. 아직 해 보지 않았다는 말은 할 수 있지만, 그렇다고 내가 뮤지션이 될 수 없는 근거가 생기는 것은 아니었다.

바로 이런 것을 찾아야 한다. 왜 나는 이 신념을 믿는가? 이 특정 신념에 대한 근거는 무엇인가? 당신은 어떤 근거도 찾지 못할 것이다. 당신을 가로막는 대부분의 신념은 그렇게 약해질 것이다. 아예 떠나갈 수도 있고, 지워질 수도 있으며, 녹아내릴 수도 있다. 뒷받침해 주는 근거가 없기 때문이다. 거의 유령이나 마찬가지다. '유령이 어디 있지?' 하며 찾아다니면 유령은 사라지고 만다. 마치 속삭임처럼 말이다.

질문을 바꾸면
인생이 바뀌는 이유

질문법

그러나 당신에게 몇 가지 확실한 근거가 있다고 치자. 나는 어렸을 때부터 아버지에게서 "네 돈을 두 배로 불릴 최고의 방법은 고이 접어서 도로 주머니에 넣어 두는 거야"라는 말을 들었다. 몇십 년이 지난 뒤 '그거야말로 제한의 신념이네!'라며 깨달았지만, 당시에는 그 사실을 몰랐다. 내게 가장 권위 있는 사람이었던 아버지가 "이게 바로 돈 버는 방법이야. 잘 접어서 주머니에 넣어 두라고"라면서 알려 준 자기 인생의 지혜였으니까.

노숙 생활을 견디며 힘겹게 살아가던 몇십 년 동안 내게는 돈이 없었다. 마침내 나는 돈에 관한 내 신념에 의문을 품기 시작했다. 그중 하나는 내게 돈을 벌 가능성이 희박하다는 신념이었다. 왜 나는 그렇다고 믿었을까? 나는 가능성이 희박하다는 말을 아버지에게 들었다. 그 말이 사실이라는 근거는 어디에 있는가? 아무 데도 없다. 세상에는 돈을 쓰고, 돈을 투자하고, 돈을 내주고, 더 많은 돈을 다시 돌려받는 사람들이 아주 많다.

다시 한 번 이 단계별 문답법을 차근차근 따라서 당신의 신념에 질문을 던져 보기를 권한다.

질문1. 나는 그 신념에 관해 무엇을 믿는가?
질문2. 왜 나는 그것을 믿는가?
질문3. 왜 나는 그것에 대한 근거를 믿는가?
질문4. 그 신념보다 무엇을 믿는 게 더 나을까?

네 번째 질문이 중요하다. 어느 순간 당신은 한 신념을 지워 버릴 것이고, 그 신념은 사라질 것이기 때문이다. 혹은 신념을 교체하고 싶어질 수도 있다.

아버지는 자주 이렇게 말했다.

"돈을 잘 보관해."

"땅을 파 봐라. 돈이 나오나."

우리 모두 들어 본 적 있는 말들이다. 그러나 우리는 이러한 말들이 우리의 의식에 깊이 박혀 있음을 알지 못한다. 이 신념들은 인식의 일부가 되고 정신적 프로그래밍과 패러다임의 일부가 된다. 시각적 환상으로 이루어진 인생을 바라볼 때 우리는 돈에 관한 제한의 신념과 맞아떨어지는 것들을 발견한다. 우리는 대부분 숨겨진 잠재의식적 신념을 바탕으로 움직인다. 끊임없이 신념과 일치하는 것들을 찾아내고 허우적대며 살아간다.

따라서 신념에 의문을 품고 그에 대한 실질적인 근거가 없다는 사실을 발견할 때 우리는 "무엇을 믿는 게 더 나을까?"라는 말을 할 수 있다.

질문하는 순간 뇌는 답을 찾기 시작한다

어느 순간 나는 새로운 신념을 받아들이기로 했다.

'더 많은 돈을 쓸수록 더 많은 돈을 받게 된다.'

처음 이 말을 하면서 나는 이렇게 생각했다.

'꽤 대담한 신념이군.'

분명 CPA(공인 회계사)나 국세청은 '틀렸어요. 더 많은 돈을 쓸수록 돈은 더 빨리 없어져요. 당신이 졌어요'라고 말할 것이다. 그러나 나는 이 새로운 신념을 받아들였다. 처음에는 불편했다. 스스로에게 거짓말하는 것처럼 느껴졌기 때문이다. 어떤 사람들은 새로운 신념을 받아들일 때 자신이 거짓말을 하고 있다고 생각한다. 그러나 사실 새로운 마인드맵을 작성하고 있는 것이다. 당신은 뇌 속에 새로운 신경 회로를 만들고 있다.

처음 새로운 신념을 언급할 때는 불편하고 비현실적이라고 느낄 수 있다. 그 순간 새로운 신념은 아직 현실이 아니기 때문이다. 그러나 지속적으로 그 말을 하다 보면 새로운 신념은 계속해서 살아남고, 심상과 감정, 반복으로 망상 활성계를 활성화한다. 당신이 미처 깨닫기 전에 이는 새로운 신념이 된다.

그래서 어떻게 됐을까? 오늘날 나는 더 많은 돈을 쓸수록 더 많은 돈을 받는다. 그게 내 새로운 현실이다. 신념에 소크라테스식 문답법을 적용하는 과학적 공식의 힘이다. 신념을 바라보고, 의문을 품고, 그에 대한 근거를 찾자. 일단 그 신념을 약화하고 해부해 봤다면, 이제는 무엇을 믿는 것이 더 나은지 물어보고 새로운 신념을 선택할 수 있다.

13

늘 되는 사람과
안 되는 사람의 차이

긍정

당신이 어느 사건에 부여하는 의미는 실제로 그 사건을 만들어 낸 신념이다. 살면서 당신에게 벌어질 모든 일, 당신이 이룬 것과 이루지 못한 모든 것이 당신의 무의식적인 신념에서 유래한다.

무의식적인 신념을 찾아내는 한 가지 방법은 당신이 사건에 부여하는 의미를 살펴보는 것이다. 어떻게 하면 될까? 친구 한 명과 커피나 맥주 혹은 와인을 한잔하러 가서 당신에게 무슨 일이 생겼는지 털어 놓자. "내가 가게를 열려고 했거든" 혹은 "내가 이 사람이랑 데이트를 하려고 했거든. 근데 무슨 일이 벌어졌는지 좀 들어 볼래?"라는 식으로 말이다.

가능성에 집중하면 보이는 것들

당신은 터닝 포인트가 될 신념을 들으려고 귀를 기울이고 있다. 당신은 마치 그 신념이 현실인 양 설명할 것이다.

데이트를 해도 늘 결과가 좋지 않은 어떤 여성은 이렇게 말할 수 있다.

"저는 계속 데이트를 했어요. 온라인 사이트에서도 상대를 찾아 봤고, 사교 모임에도 나가 봤어요. 끊임없이 남자들을 만났지만 늘 별로였어요."

그리고 이렇게 말할 것이다.

"좋은 남자들은 다 임자가 있더라고요."

이것이 바로 그녀가 지금 묘사하는 경험을 만든 신념이다. 그녀는 자기 충족적 예언을 창조했다. 좋은 남자들에게는 임자가 있다는 우선적인 신념을 갖고 있었기 때문에 괜찮은 사람을 찾지 못하는 상황이 만들어졌다. 그녀는 "근거들이 차곡차곡 쌓여 있어. 이 신념에는 다 그럴 만한 이유가 있는 거야"라고 말할 수도 있지만, 실제로는 신념을 바탕으로 그 근거들을 수집한 것이다.

이 통찰만으로도 이 책을 돈 주고 살 가치가 있다는 것이 설명된다. 이 통찰을 이해하고 받아들일 수 있는 사람은 인생을 다르게 바라보기 시작할 것이기 때문이다. 좋은 남자들은 모두 임자가 있다고 말하는 사람에게 나는 이렇게 말하고 싶다.

"이 세상에는 70억 명이 넘는 사람이 있어요. 좋은 남자들은 이미 임자가 있다고 말하는 것이 타당해 보이나요?"

이는 신념을 몰아내는 출발점이다. 사람들은 이 문답을 시도하며 "이 신념은 내게 정말 도움이 안 돼. 그리고 사실도 아니야"라며 깨달을 수 있다. 그 신념은 정말 사실이 아니다. 당신의 의견일 뿐이다. 당신의 의견은 바로 당신의 신념이다.

누군가가 "저는 세 번이나 카페를 차렸지만 전부 망했어요. 경쟁이 너무 심해서 카페로 성공할 방법이 없어요"라고 말할 때도 마찬가지다. 이것은 그 사람의 이야기고, 그 사람의 통찰이다. 당장 멈춰서 자신이 상황에 부여한 의미가 그 상황을 만들어 낸 신념임을 깨달아야 한다. 그 결론은 애초에 그 상황을 초래한 신념이었다. 무의식적으로 이 사람은 이렇게 생각했다.

'카페는 잘되지 않을 거야. 경쟁이 너무 심하니까.'

그러다 의식적으로 카페를 차렸다. 자신의 무의식적인 신념을 알아차리지 못했기 때문이다. 카페가 망했을 때 이들은 무의식적인 신념을 쏟아 낸다.

최근에 나는 이탈리아에 갔다. 그곳에서 커피를 엄청나게 마셨고 엄청나게 많은 카페를 봤다. 길모퉁이마다 카페가 있었고, 사람들은 하루에도 몇 번씩 놀라울 정도로 커피를 들이켰다. 내가 보기에는 카페를 차리려는 사람들에게 무한한 기회가 있었다. 내 경험과 신념은 "저는 세 곳에서 장사해 봤어요. 성공하지 못했죠. 경쟁이 너무 심하더라고요"라고 말하는 사람의 경험과 신념과는 완전히 다르다.

이 과정에서는 아무런 위해도 가하지 않고 편협하게 판단하지도 않는 자세가 중요하다. 당신에게 중요한 목표는 무기를 겨누는 것이 아니라 한 줄기 빛을 비추는 것이다. "좋은 남자들은 이미 임자가 있어요" 혹은 "저는 세 번 카페를 차렸고 다 실패했어요"라고 말할 때 우리는 스스로를 후려치는 것이다.

'나는 도대체 뭐가 잘못된 걸까? 나는 내 신념에 의문을 품었고 해야 할 일을 하고 있어. 그런데도 여전히 잘 풀리지 않아.'

자기 자신을 사랑하라. 자신을 용서하라. 스스로를 귀히 여겨라. 자신에게 친절하라. 자기 징벌이 도움이 되지 않는다는 것은 과학적으로 증명됐다. 많은 사람이 심리적인 채찍질로 동기 부여가 가능하다고 생각한다. 이를테면 죄책감을 느껴야만 운동하러 헬스장에 간다는 식이다. 여러 연구에 따르면 이런 식의 동기 부여는 오래가지 않는다. 부정적으로 동기를 얻으면 과정을 즐길 수 없어 결국에는 빠르게 포기하게 된다. 그만둔 자기 자신을 징벌할 수도 있다.

긍정의 심리학은 좀 더 이로운 접근법이다. 과학에 기반을 둔 긍정의 심리학을 통해 당신은 무엇이 효과적인지에 집중할 수 있다. 무엇이 긍정적인지에 집중할 수 있고, 무엇이 좋은지에 집중할 수 있으며, 무엇이 건강한지에 집중하고, 무엇을 올바르게 하고 있는지에 집중할 수 있다. 인식이 확장되면서 올바른 일을 더 많이 할 수 있기 때문이다. 자기 징벌은 전혀 도움이 안 된다. 그러나 자기 감사는 당신의 자존감을 높이고 확신의 근육을 만들어 준다. 그렇게 당신은 원하는 성과를 더 많이 얻을 수 있을 것이다.

14

하고자 하는 사람만 깨닫는
부와 성공의 비결

실천

노숙자였을 때 내게 자존감과 자신감은 거의 없다시피 했다. 나는 그 어떤 성과도 낼 수 없었다. 그저 인생을 변화시키기 위해 노력하는 외로운 사람이었기에 내면에 이런 특성들을 채우기까지 굉장히 오랜 시간이 걸렸다.

좋은 소식은 당신이 이 작업을 당장 해낼 수 있다는 것이다. 이 책을 읽는 것으로 자신에게 일종의 투자를 했다는 사실은 당신이 강조하고 인정해야 할 가치다. 당신은 스스로를 돌본다. 분명 자기 자신에게 마음을 쓴다. 당신은 소중하기 때문이다. 이것이 우리가 원하는 사고방식이다.

혹자는 소크라테스식 문답을 짝지어 해야 하는지 궁금해할 수도 있다. 누군가에게 이 질문들을 받아야 할까, 아니면 혼자서 해야 할까?

우선 여기서 설명하는 모든 것은 독자적으로 할 수 있도록 설계됐으므로 혼자 해도 된다. 그러나 경험상 이 문답법은 다른 사람과 함께 했을 때 더욱 효과가 강력하고, 목표 달성에도 속도가 붙는다. 상대방은 확실히 당신의 외부에 있기 때문이다. 이들은 당신과는 다른 신념을 갖고 있다. 어느 정도의 신념은 중첩될 수 있다. 하지만 당신이 하는 말에 귀를 기울이고 당신에게 되짚어 줄 수 있는 사람이라면, 어떤 집착과 평가도 없이 중립적이고 수용적인 입장에서 의문을 품을 수 있는 능수능란한 사람이라면 당신이 자신의 신념을 바라보는 데에 도움을 줄 수 있다.

혼자서 신념을 탐색할 때는 '그게 현실이야'라고 생각하는 경향이 있다. 신념대로 인생을 경험해 왔기에 당신은 신념을 있는 그대로 받아들이지만, 다른 사람은 당신의 신념에 의문을 품을 수 있다. 상대에게서 질문을 받을 때 아마도 당신은 난생처음으로 '그건 신념이었어. 나는 그게 사실이라고 생각했지 뭐야' 하며 깨달을 것이다.

다시 한 번 반복하자. 이 과정에는 아무런 평가도 없고, 부정적인 특성도 없다. 마치 신념에 대한 단서를 찾아다니는 행복한 탐정인 척해 보자.

노숙자를 억만장자로 만든 친구의 선물

약 15년 전 나는 태국에서 한 젊은이를 만났다. 20세의 노숙자였다. 그는 가진 게 없어 늘 방콕 교외에 있는 바닷가에서 눈을 붙였다. 그에게는 돈도, 아는 사람도, 몸을 눕힐 자동차도 없었다. 절망적인 상황이었다.

이 젊은이는 자신과 고향이 같은 스웨덴 출신의 한 친구에게 연락해 돈을 빌려 달라고 애원했다. 그러자 친구는 이렇게 말했다.

"나는 너한테 절대 돈을 빌려주지 않을 거야. 하지만 책 한 권을 보내 줄게."

이윽고 친구는 《시크릿The Secret》을 보냈다. 만약 당신이 아직 이 책을 읽지 않았거나 영화로 보지 않았다면 반드시 한 번쯤은 접하기를 바란다. 이 책에 담긴 이야기는 끌어당김의 법칙에 대한 영감으로 가득 차 있다.

그는 처음에 화를 냈다.

"세상에. 왜 내게 이딴 걸 보낸 거지? 나는 굶어 죽기 직전이야. 책 따위 필요 없어."

그러다 시험 삼아 책을 읽기 시작했다. 그는 이 책이 완전히 틀렸으며 이 방법으로 무언가를 이루는 것은 불가능하다는 사실을 증명하기로 마음먹었다. 모든 기술을 실천했고, 확언들을 활용했고, 자신의 신념을 글로 쓴 후 신념에 의문을 가졌다. 곧 당신의 신념을 살피고 바꾸라는 이야기와 시각화, 확언, 목표 설정, 그리고 자기 자신과 타인과 세상을 향한 믿음 같은 개념에 마음을 빼앗겼다. 그러다 점점 더 흥미를 느끼게 되면서 나와 밥 프록터, 잭 캔필드 등 다양한 작가들의 책도 읽기 시작했다.

몇 년이 흘러 36세에 그는 억만장자이자 태국 남부에서 가장 큰 규모의 부동산 개발업자가 됐다. 그는 자기 힘으로 신념을 작동시켰다고 내게 설명했다. 그는 '나는 노숙자야' 같은 신념들을 들여다봤고 '어떻게 확언과 시각화, 정화의 기술 같은 것으로 밥을 얻어먹을 수 있지?' 하며 궁금해했다. 시간이 흐르면서 그는 자신이 원하는 것을 계속해서 얻고, 발현하고, 끌어당기게 됐다. 더 크고 더 나은 상황들을 계속 만났고 다양한 사업을 시도했다. 이제 그는 200명의 직원이 일하는 20개의 사업장을 소유했다.

나는 그에게 인생담을 꼭 글로 남기라고 했다. 그리고 나를 집필 작가로 삼으라고 매우 현명한 설득을 했다. 그는 나를 고용했다. 우리는 그의 인생을 글로 써서 책으로 출판했다. 그 책이 바로《체인저블Homeless to Billionaire》이며, 그의 이름은 안드레스 피라다. 안드레스 피라는 기꺼이 자신의 신념에 의문을 품고 무한한 자아를 드러냈다. 당신도 한번 해 보는 것은 어떨까?

꿈을 현실로 바꾸는
생각 혁명

- 불가능해 보일 때, 부정적인 신념이 현실처럼 느껴질 때, 자신을 향해 질문해 보자. "내가 이 일을 할 수 없다는 근거가 어디에 있는가?"

- 당신이 어느 사건에 부여하는 의미는 사실 그 사건을 만들어 낸 신념이다.

- 제한의 신념을 없애는 소크라테스 문답법
  1. 나는 그 신념에 관해 무엇을 믿는가?
  2. 왜 나는 그것을 믿는가?
  3. 왜 나는 그것에 대한 근거를 믿는가?
  4. 그 신념보다 무엇을 믿는 것이 나을까?

- 혼자서 신념을 탐색할 때는 '이게 현실이야'라고 생각하는 경향이 있다. 타인의 의문을 이용하라. 타인은 당신과 다른 신념을 갖고 있기에 의문을 품는 데 도움이 된다.

- 긍정의 심리학을 활용하라. 자신을 향한 채찍질은 도움이 되지 않는다. 자기 자신을 사랑하고 용서할 때 무엇이 긍정적인 결과를 불러올지에 집중할 수 있다.

**YOUR
UNLIMITED
SELF**

4장

어떻게 현실을 바꿀 수 있을까?

마음이 강해지는 법

외부를 바라보는 자는 꿈을 꾸고
내면을 바라보는 자는 깨어난다.

칼 구스타브 융(심리학자)

15

내면을 바꾸지 않고는
외면을 바꿀 수 없다

내면

이 이야기를 처음 읽어 본다면 긴장하시길. 안전벨트를 아주 단단히 매야 할 것이다. 아주 깜짝 놀랄 일이 벌어질 테니까. 나도 놀랐고 모두가 놀랐다. 내가 《호오포노포노의 비밀 Zero Limits》과 후속작 《하루 한 번 호오포노포노 At Zero》를 쓴 이후에 벌어진 일이다.

오래전에 나는 전국 최면술사 조합 회의에 연사로 참석하느라 뉴햄프셔주에 있었다. 쉬는 시간에 누군가가 내게 물었다.

"저기요, 하와이 주립 병원의 정신병을 앓는 범죄자 병동 전체를 치료하려는 심리 치료사에 대해 들어 보셨어요?"

"아뇨, 그런 얘기는 들어 보지 못했어요."

"재미있는 이야기예요. 실제로 그 사람은 환자를 직접 치료하지 않았거든요. 그는 몇 가지 희한한 하와이식 기술을 사용해 혼자 작업했고 환자들은 나아졌어요."

나는 생각했다.

'나는 생각이 열려 있는 사람이야. 마법과 기적도 좋아해. 하지만 이건 좀 도시 괴담같이 들리는데.'

손쓸 수 없을 만큼 미친 범죄자들을 치료한다고? 믿을 수가 없어서 나는 그냥 무시해 버렸다. 내가 이 정도로 생각이 트인 인간이다.

그리고 1년 후 나는 똑같은 이야기를 다시 들었다. 그때부터 나는 몇 가지 조사를 시작했다. 당시 이 치료사에 대해서는 알려진 정보가 거의 없었다. 그와 그의 기술에 관해 다루는 책이 전혀 없었지만 나는 끈질기게 매달려 마침내 그를 찾아냈다. 그 박사의 이름은 이하레아카라 휴 렌이었다. 그는 심신 미약 범죄자들이 입원한 하와이의 한 병원에서 일하는 치료사였다.

나는 휴 렌 박사에게 전화를 걸었다. 그는 자신이 하와이의 주립 병원에서 4년간 일했던 것이 사실이라고 말했다. 자신이 사용한 특이한 하와이식 기술이 신념을 정화하는 것에 기반을 두고 있다고 설명했다. 그리고 신념을 정화하면서 환자들의 상태가 좋아졌다고 말했다.

터무니없는 소리로 들릴 수도 있다. 어떻게 그런 게 가능하겠는가? 어떻게 효과가 있을 수 있겠는가?

그럼에도 이 특별한 기술은 통증을 경감하고 치유하고 극복하게 해 성과를 얻도록 도와준다는 면에서 수백만 달러의 가치가 있다. 세계적으로 계속해서 증명됐고 이를 뒷받침하는 과학적인 연구들도 존재한다. 무슨 일이 벌어지는지 알아내기 위해 사람들은 오랜 시간 이 기술을 분석했다.

휴 렌 박사와 인터뷰를 한 뒤 나는 마침내 그와 협업할 수 있었다. 나와 휴 렌 박사의 대화는 첫 번째 책《호오포노포노의 비밀》을 공동 집필하는 것으로 이어졌다. 사람들은 이 책을 계기로 이 기술에 대해 더 많이 알아내려 노력했고, 나와 휴 렌 박사는 세 번의 세미나를 함께 열었다. 이를 '제로 리미트 1, 2, 3'이라고 불렀다. 제로 리미트 세미나는 하와이어로 '호오포노포노Ho'oponopono'라고 부르는 기술을 바탕으로 삼았다.

무엇을 어떻게 하느냐는 모두 나에게 달렸다

기본적으로 호오포노포노는 이 세상에 진짜 외면이란 없다고 가정한다. 모든 것이 내면의 작업이다. 당신에게 보이는 외면의 모든 것을 당신은 무엇으로 보는가? 당신은 마음으로 본다. 마음은 어디에 있는가? 당신의 내면에 있다. 그러므로 만약 문제를 발견하거나 당신을 괴롭히는 누군가를 만났다면 실제로는 영화 한 편을 본 것이나 마찬가지다. 영화는 어디에서 투사되는가? 영사기 안쪽에서다. 영사기는 어디에 있는가? 당신의 내면에 있다.

당신이 호오포노포노의 관점으로 상황을 바라볼 때, 당신이 보는 외부의 모든 것은 당신 내면을 반영한다는 사실을 기억하자. 따라서 변화하고 싶다면 내면부터 변화해야 한다. 외면을 바꾸려 하는 것은 마치 거울 앞에 서서 면도를 하되 거울을 면도하는 것과 같다.

현실적으로 우리 대부분이 저지르는 행위다. 우리는 내면 세계에서 내면의 신념을 가다듬어야 할 때 외부 세계를 엉망진창으로 해 놓는다. 호오포노포노의 첫 번째 전제는 이 세상은 거울이라는 것이다.

다음 전제는 당신이 당신의 인생을 100퍼센트 책임져야 한다는 것이다. 이는 사람들이 대부분 들어 봤을 이야기 중 가장 중요하다. 내가 처음 휴 렌 박사를 만났을 때 그는 "자기가 자신의 현실을 창조한다는 개념에 대해 들어 본 적 있어요?"라고 물었다.

"당연하죠. 저는 그 이야기 쓰고 떠들어 대는 작가인 걸요."

"음, 만약 당신이 당신의 현실을 창조하는데, 정신병을 앓는 범죄자가 당신의 현실이라면 그 사람도 당신이 창조한 것 아닐까요?"

내 마음을 사로잡는 한마디였다. 그렇게 나는 당시 나를 괴롭혔던 사람들, 인간관계, 얻거나 얻지 못한 성과들을 살펴보기 시작했다. 나는 깨달아야 했다.

'이게 다 나야. 모두 다 내게서 나오는 거야. 모든 결과는 100퍼센트 나에게 책임이 있어."

이제 앞서 언급했던 요점을 다시 제시해야겠다. 즉 당신의 탓이 아니다. 당신에게 처리해야 할 무언가가 있다는 것은 당신의 잘못이 아니다. 그러나 그 일을 처리하는 것은 당신의 책임이다. 이 경우에 대해 휴 렌 박사는 내게 이렇게 가르쳐 줬다.

"당신이 100퍼센트 책임자예요."

책임에 대한 비약적인 발전이었다. 그 이야기는 처음 들었을 때부터 마치 찐득한 엿처럼 내 뇌에 들러붙었다.

대부분의 사람은 '당신이 당신의 현실을 창조한다'는 이야기를 자신이 말하고 행동하는 모든 것에 책임을 져야 한다는 의미로 받아들인다. 그러나 호오포노포노에 따르면 당신은 모든 것에, 그리고 모든 사람에게 책임이 있다. 어마어마하다.

휴 렌 박사의 세 번째 가르침은 '인생의 모든 일이 데이터 때문에 벌어진다'는 것이다. 데이터란 신념을 가리키는 또 다른 말이다. 호오포노포노는 당신의 데이터를 정화하는 작업이다.

휴 렌 박사는 또한 "문제가 있을 때 당신이 그 문제가 벌어진 곳에 있다는 사실에 주목해 봤어요?"라고 물었다. 이는 당신이 창조자라는 의미다. 당신은 관계자이며 문제의 일부다. 당신이 그 경험을 공동으로 창조했다. 이 문제가 발현하도록 도왔다.

16

공포에서 평화로,
비정상에서 정상으로

호오포노포노

호오포노포노 기술은 하와이를 기점으로 삼는다. 나는 하와이를 몇 번이나 방문했는데도 호오포노포노에 관해 배우지 못했다. 내게 이 기술을 가르쳐 준 휴 렌 박사는 시메오나라는 카후나, 즉 하와이의 샤먼에게서 직접 배웠다. 그는 큰 감명을 받아 25년간 그녀를 따랐다.

아마도 이 이야기를 받아들이는 것이 꺼려질 수도 있다. 그러나 당신이 당신 인생에서 벌어지는 모든 일에 100퍼센트 책임이 있다면, 벌칙 면제 카드나 허가증 같은 것은 없다. 100퍼센트 당신의 책임이다.

이를 좀 더 자세히 살펴보자. 오늘날 많은 사람이 테러를 걱정한다. 하지만 이 세상에 테러리스트가 있다는 것을 어떻게 아는가? 당신은 테러에 관한 글을 읽고 그와 관련된 무언가를 봤다. 또는 당신이 접한 SNS 게시글이 있었다. 말하자면 어떤 방식으로든 당신이 테러를 만들어 내는 데 일조했다는 의미다. 그 순간 당신의 인식을 창조한 것은 당신이기 때문이다. 당신은 오직 내면에서만 이를 경험할 수 있다. 따라서 무언가를 바꾸고 싶다면 당신 내면에서 바꿔야 한다. 테러리즘에 대한 당신의 의식은 외부에 있지 않다. 내면에 있다.

호오포노포노는 인식을 바로잡는다. 실제로 호오포노포노는 '올바르게 만들다'를 의미한다. 우리는 인식을 바로잡기 위해 호오포노포노 기술을 사용하고 있다.

심신 미약 범죄자들을 치료한 단 하나의 비결

이 기술의 현실성을 논하자면, 휴 렌 박사는 정신적으로 아픈 사람들을 위한 병원에서 일했다. 이보다 더 현실적인 게 있을까? 환자들은 매일 결박당하거나 진정제를 맞았다. 많은 의사와 간호사가 일을 그만뒀다. 이 병원은 비열하고도 끔찍한 장소였기 때문이다. 그들은 그곳에 있기 싫어했지만, 주립 병원은 예산을 지원받기 위해서 면허증이 있는 치료사들을 보유해야 했다. 병원은 인력을 찾기 위해 전화를 돌렸다. 당시 아이오와에 살고 있던 하와이 출신의 휴 렌 박사가 전화를 받고 자신이 하겠다고 대답했다. 대신 자기만의 치료법을 사용해도 된다는 허가를 요구했다. 병원이 동의하자 휴 렌 박사는 하와이로 향했다.

휴 렌 박사는 환자들을 만나지 않았다. 대신 사무실에 앉아 차트를 훑어보며 환자의 이력을 살폈다. 죄수들이 저지른 범죄의 목록을 확인했다. 일부는 매우 경멸스러울 정도였다. 몹시도 현실적인 범죄 목록을 살피며 박사는 내면에서 어떠한 감정이 느껴지는 것을 깨달았다. 행복감이 아니었다. 분노, 수치, 화, 죄책감, 비통함이었다. 이 모든 감정을 다 느꼈다.

휴 렌 박사는 이 감정들에 호오포노포노를 적용했다. 그는 환자 기록에 대한 자신의 인식을 정화하기 위해 호오포노포노를 실행했다. 또한 자기 안에서 무언가를 유발하는 기록을 들여다보다가 호오포노포노를 사용해 그 사람들에 대한 자신의 신념을 정화했다. 이 과정에서 환자들은 개선되기 시작했다. 고작 몇 개월 만에 이들은 결박당하거나 진정제를 맞을 필요가 없어졌다. 몇 개월이 더 지나자 일부는 정상으로 판정받아 퇴원했다.

여전히 그 병원에서 근무하던 의사와 간호사들은 이를 눈치채고 말했다.

"휴 렌 박사님, 저 환자들에게 한 게 무엇이든 저희에게도 해 주세요."

이들도 기분이 나아지고 싶었다. 4년도 채 지나지 않아 사실상 모든 환자가 정상으로 돌아와 퇴원했고, 병동은 폐쇄됐다.

나는 휴 렌 박사와 함께 《호오포노포노의 비밀》을 집필하기 위해 조사를 하던 중 당시 그 병동에서 일했던 사회복지사들을 알게 됐다. 개인 정보 보호법으로 인해 환자들의 정보를 입수할 수 없어 환자들과 직접 이야기할 수는 없었지만, 휴 렌 박사와 사회복지사들 사이에서 그 장소와 환자들이 정말 현실에 존재했음을 알 수 있었다.

내가 당신에게 접근해서 "이봐요, 정신 질환 때문에 범죄를 저지른 환자들이 입원한 병원이 저기 있어요. 나와 함께 그 사람들을 치료해 보는 게 어떨까요?"라고 말한다면 당신은 내가 돌았다고 생각할 것이다. "그 근처에도 가지 말아야겠다. 위험해"라고 생각할 수도 있다.

호오포노포노를 통해 당신은 인생에 어떤 일이 벌어지든 인식을 정화한다. 그에 관한 신념도 정화한다. 신념을 정화하면 당신은 항상 이루고 싶었던 성과들을 달성하기가 훨씬 더 쉬워진다.

17

내가 더 강해지는
네 마디

자기 대화

호오포노포노를 실행하는 아주 간단한 방법은 네 가지 말을 활용하는 것이다. 아주 쉬운 문장들이다.

"사랑해요."

"미안해요."

"나를 용서하세요."

"감사해요."

순서에 상관없이 이 문장들을 말하면 된다. 감정을 담을 수도 있고 담지 않을 수도 있다.

잠시 공식을 설명해 주겠다. 이 공식은 성과에 기반한 것이며 당신이 이름 붙일 수 있는 모든 것에서 사람들이 성과를 얻는 방식이다. 나는 호오포노포노에 관한 내 두 권의 책 덕에 많은 사람이 자금을 모으고, 두려움을 극복하고, 건강이 완화되고, 아픈 반려동물을 돌보고, 정원을 가꾸면서 여러 식물들을 키웠다는 이야기를 들어 왔다. 이러한 사례는 계속 늘어나고 있다.

호오포노포노 3단계 공식

1단계. 잘못된 것에 주목하라

당신은 아직 아무런 성과도 얻지 못했거나 어떤 장애물이나 신념이 존재한다는 사실을 알아차렸을 수도 있다. 호오포노포노에서 당신은 그 신념에 이름을 붙일 필요는 없다. 그저 무언가가 당신의 성과를 방해하고 있다는 사실만 알면 된다.

2단계. 더 고귀한 힘과 소통하라

당신과 내가 '더 고귀한 힘'이라고 부르는 존재와 소통하자. 어떤 사람은 그 존재를 신, 우주, 가이아 혹은 자연이라고 부른다. 그러나 어떤 방식이나 형태로든 당신은 당신보다 더 거대한 존재의 일부다. 무신론자조차 자신이 자연의 일부라고 말하리라. 따라서 이것은 자연과의 대화나 영적인 교감이 될 수 있다.

당신은 부탁하는 것이다. 원한다면 기도를 하거나 청원을 한다고 생각해도 좋다. 당신은 앞서 소개한 네 문장을 더 고귀한 힘에게 건네야 한다.

당신은 또한 문제점과 원하는 성과를 인지해야 한다. 그럼 당신을 가로막는 뜻밖의 장애가 있다는 사실을 알 수 있다. 당신은 더 고귀한 힘과 연결되기 위해 네 문장을 말하게 될 것이다. 속으로 문장들을 읊어 보자.

"사랑해요. 미안해요. 나를 용서하세요. 감사해요."

이 문장들로 우리는 무슨 말을 하는 것일까? 다음과 같이 긴 말을 짧게 줄여 말하고 있는 것이다.

"나의 신념을 알아차리지 못한 것을 용서하세요. 의식적으로든 무의식적으로든 이 문제를 만드는 데에 일조해서 미안해요. 문제를 제거해 줘서 감사해요. 내 삶에 감사해요. 내가 바랐던 성과를 가져다줘서 감사해요. 내게 삶을 준 당신을 사랑해요. 이 요청을 들어준 당신을 사랑해요."

당신은 이 긴 설명을 짧게 줄여 이렇게 말하고 있는 것이다.

"사랑해요. 미안해요. 나를 용서하세요. 감사해요."

"사랑해요"는 이 중에서 가장 강력한 서술이다.

3단계. 할 수 있는 한 계속하라

이 말을 몇 번이나 해야 하는지 궁금할 수도 있다. 휴 렌 박사의 가르침에 따르면, 우리에게는 제한의 신념이 너무나도 많아서 이 네 가지 말을 영원히 계속해야 한다. 그저 언제까지나 계속해 보자. 처음 이 말들을 배웠을 때 나는 작은 포스트잇에 써서 냉장고와 컴퓨터에 붙였다. 사랑해요. 미안해요. 나를 용서하세요. 감사해요.

얼마 전 호오포노포노에 관해 강연을 했는데 한 여성이 내게 다가왔다. 그 여성의 왼쪽 팔에는 네 문장이 문신으로 새겨져 있었다. 그러니 이 네 가지 말을 기억할 수만 있다면 어떤 방법이라도 쓰자.

이 문장들은 어느 순간 일종의 새로운 자기 대화가 될 것이다. 마음 한구석에서 나는 이 문장들을 말하고 있다. 왜냐고? 나는 제한의 신념이 정화된 상태를 유지해 현재를 오롯이 살아 내고, 많은 사람에게 큰 도움이 될 수 있도록 최선을 다하고 있기 때문이다.

이것은 호오포노포노로 원하는 것을 얻는 방법을 속성으로 알려 주는 것과 같다. 당신이 원하는 것을 이루지 못하게 하는 어떤 정서적인 방아쇠가 당겨졌다고 느껴질 때 호오포노포노를 이용하면 좋다. 그리고 느껴졌다면 치유하면 된다. 이는 "조, 저는 새로운 신념들을 가지려고 노력했는데 자동으로 등장하는 신념들이 저를 가로막아요."라고 말하는 사람들에게 유용하다.

18

실패했을 때
해야 할 한마디

사과

신념을 알아낼 필요는 없다. 신념의 특징을 알 필요도 없다. 단지 신념들이 재발했다는 사실만으로도 충분하다. 문제가 재발해 은근한 좌절감이 느껴질 때야말로 호오포노포노는 더욱 효과적일 것이다.

거기에는 어떤 감정이 깃든다. "사랑해요. 미안해요. 나를 용서하세요. 감사해요"를 영혼 없이 말하는 것과는 다르다. 이것도 괜찮은 명상법이기는 하다. 하지만 어떤 문제로 발등에 불이 떨어졌을 때는 진심으로 집중해서 이렇게 해야 한다.

"무엇이 나를 성가시게 하는지 모르겠어. 왜 이것을 이루지 못했는지 모르겠어. 내가 왜 좌절감을 느끼는지 모르겠어. 무슨 일이 벌어질지도 모르겠어. 그런데 말이야…"라고 말한 뒤 더 고귀한 힘 혹은 신에게 "미안해요. 이 신념이 어디서 왔는지 모르겠어요. 저와 제 가족, 제 부모, 제 조상, 제 후성 유전, 아니면 제 DNA 중 어디든 그 신념이 비롯된 곳을 용서해 주세요. 신념을 없애 주시고, 놔 주시고, 지워 주시고, 제게서 떠나가도록 해 주셔서 감사해요. 이 과정을 돌봐 주시고 제가 이 목표를 달성할 수 있도록 생명을 준 신을 사랑해요"라고 말해야 한다.

아무리 회의주의자라도 "사랑해요", "감사해요"라고 말하는 일이 어렵게 느껴지지는 않을 것이다. 그러나 어떤 이들은 자신이 아무것도 잘못하지 않았다고 믿어서 "미안해요", "저를 용서하세요"라는 말을 하지 않겠다고 거부할 수도 있겠다.

그에 대한 대답으로 휴 렌 박사는 이렇게 말했다.

"'미안해요'라고 말하기가 불편하다면 그냥 하지 마세요. 그 부분은 잊으세요."

나는 가끔 "당신이 정말 해야 하는 말은 '사랑해요'입니다"라고 말한다. 만약 놀라우리만치 긍정적인 "사랑해요", "감사해요"라는 말을 모두 택하고 싶다면 그렇게 해도 좋다. 이 긍정적인 구절을 반복적으로 말하는 행동이 당신의 에너지와 행복, 사고 방식, 신경학 등을 바꿔 놓는다고 증명하는 과학적 연구가 많으니 이 이유만으로도 해 볼 가치가 있다.

미안하다는 말의 진정한 뜻

우리 아버지가 돌아가셨을 때 사람들은 장례식장에 와서 미안하다고 말했다. 왜 이 사람들이 미안할까? 자기들이 아버지를 죽인 것도 아닌데. 이것은 당신이 신이나 어떤 위대한 존재에게 "미안합니다"라고 말하는 경우와 마찬가지다. 당신은 "제가 무의식적인 상태에 빠져 지내서, 제가 알아차리지 못한 신념과 한계 때문에 갈피를 잃고 헤매서 미안합니다"라고 말하는 것이다. 그게 전부다. 당신이 무언가 잘못을 저질렀다고 말하는 것이 아니다.

이 말을 다르게 바라볼 수 있는 또 다른 방법이 있다. 당신은 사람이 붐비는 마트에서 누군가와 부딪힐 때 "미안해요"라고 말할 것이다. 이 말은 당신이 교수형에 처할 만한 잘못을 저질러서 미안하다는 의미가 아니다. 당신이 벌금을 물거나 딱지를 떼거나 가게에서 내쫓길 것이라는 의미가 아니다. 죄책감을 느껴야 한다는 의미도 아니다. 기분이 언짢아져야 한다는 의미도 절대 아니다. 당신은 그저 잠시 무의식에 빠져 누군가와 부딪힌 것뿐이다. "잠깐 거기서 의식이 없었어요", "벽에 부딪혔어요", "이웃과 부딪쳤어요", "누군가가 세상을 떠났어요", "저는 유감스럽다고 표현하는 중이에요"라는 의미들이야말로 "저를 용서하세요", "미안해요"라는 말 이면에 존재하는 사고방식이다.

우리는 자기 징벌을 하고는 한다. 앞서 이야기했듯, 중요한 것은 자신에게 친절하고 자신을 소중히 여기는 것이다. 따라서 "미안해요"와 "나를 용서하세요"에는 많은 사람이 이 문장들과 연결 짓는 묵직함이 담겨 있지 않다.

마지막으로 강력한 한 방을 선사하려 한다. "미안해요"라고 말하는 것이 어렵다면 호오포노포노를 적용해 보는 것이 좋다. 왜냐하면 당신은 미안해하는 것에 대한 신념을 가졌기 때문이다. 당신에게는 응당 미안해할 만한 일과 죄책감, 징벌에 대한 신념이 있다. 이 모든 신념은 말로 나타낼 수 없을지라도 분명 존재한다. "미안해요. 나를 용서하세요"라는 아주 간단한 말을 하지 못하도록 당신의 신경을 건드린다. 나는 당신이 이 두 문장을 말로 꺼내지 못한다는 사실에 대해 이 네 가지 말을 해야겠다.

"사랑해요. 미안해요. 나를 용서하세요. 감사해요"

이 말들을 소리 내어 하는 것과 침묵을 지키며 속으로 하는 것 중 무엇이 더 효과적일까? 이는 전적으로 당신의 선택에 달렸다. 하지만 나는 이 말들을 속으로만 읊고 자기 자신에게만 건네는 것이 더 효과적이라는 사실을 발견했다. 이 말을 절대로 다른 사람에게는 건네지 말자. 다른 사람에게 뚜벅뚜벅 다가가서 "미안해요. 나를 용서하세요. 감사해요. 사랑해요"라고 말해서는 안 될 것이다. 그 사람이 혼란스러워질 것이며 이는 호오포노포노가 작동하는 방식이 아니다.

나는 호오포노포노의 문구가 적힌 티셔츠를 여러 벌 갖고 있다. 하루는 "사랑해요. 미안해요. 나를 용서하세요. 감사해요"가 등

뒤에 적혀 있는 티셔츠를 생각 없이 주워 입고 주유소에 갔다. 그 때 모르는 사람이 다가와서 이렇게 말했다.

"선생님의 티셔츠 뒷면에 쓰인 말들 말입니다."

"네?"

"선생님께서 부인과 싸울 때 하는 말들인가요?"

나는 잠시 생각하다가 이렇게 대답했다.

"그러게요. 그럴 때도 효과가 있겠군요. 미안해요. 나를 용서해요. 감사해요. 사랑해요."

이 네 가지 말은 보통 당신에게 어떠한 감정이 느껴지는 순간 속으로 하는 것이 최고다. 영감이 치솟지 않는 이상 입 밖으로 크게 말할 필요는 없으며 절대 다른 사람에게 할 필요도 없다.

인간관계에서 어려움을 겪고 있다면 다른 사람에게 다가가면서 속으로 이 네 가지 말을 할 수도 있다. 이는 당신에게 올바른 마음가짐을 가져다 줄 것이다.

19

기적은 지금
여기에서 이뤄진다

기적

또 다른 호오포노포노 스승은 세무사 메이블 카츠다. 메이블은 몇 권의 책을 통해 국세청을 상대로 고객을 대변하는 업무에 관해 이야기했다. 여기 당신의 속을 뒤집어 놓는 상황이 있다. 많은 사람이 그저 국세청이 발송한 편지를 보는 것만으로도 분노한다. 그 편지들에는 사람들을 협박하는 의미가 함축적으로 담겨 있기 때문이다.

하지만 호오포노포노가 있다면 이 편지들이 그저 단어의 나열일 뿐이라는 사실을 알 수 있다. 우리는 모든 정보를 투영하는 사람들이다. 호오포노포노로 그 정보들을 정화하는 것을 우리는 신념의 정화 혹은 신념의 제거라고 부른다. 당신은 그 신념들을 처리할 수 있다.

고객을 대리하기 위해 국세청에 찾아간 메이블은 그 순간 느껴지는 감정들에 대해 속으로 네 가지 말을 되뇌었다. 그 결과 그녀는 굉장히 많은 경우에서 승리를 거뒀다.

나는 《호오포노포노의 비밀》에서 고급 자동차를 가장 많이 판매한 영업 사원에 관해 이야기한 적이 있다. 그는 사람들과 말할 때 영업용 대화 기술을 사용했다. 친구를 얻고 사람들에게 영향을 미치기 위해 전통적인 데일 카네기 수법을 사용했다. 그러나 내면에서 그는 호오포노포노를 수행했다. 자동차를 팔려고 노력하는 과정에서 어떤 감정이 느껴지든 "사랑해요. 미안해요. 나를 용서하세요. 감사해요"라고 말했다.

이 방법은 실제로 성공적이었다. 그가 더 이상 영업을 위해 애쓰지 않아도 자동차는 자연스럽게 팔렸고, 그는 자동차를 가장 많이 팔아서 매해 상을 받기도 했다. 그는 자신이 다른 영업 사원들과 유일하게 다른 점은 내면에서 호오포노포노를 사용해 제한의 신념을 정화하고 제거하는 것이라고 말했다.

여러 의미에서 호오포노포노는 기술 그 이상이며 인생의 철학이다. 당신은 자신과의 대화를 일생동안 영원히 이어 가려는 시도로 호오포노포노를 할 수 있다.

바로 지금 당장이라는 기적

잠시 기적에 관해 이야기를 나눠 보자. 나는 마법과 기적을 믿는다. 내 코칭 프로그램의 이름은 '미라클 코칭'이고 나는 《미라클!The Miracle》이라는 책도 썼다.

기적이 무엇이냐고 사람들이 물어볼 때, 나는 두 가지 종류의 기적이 있다고 대답한다. 먼저 당신이 예상치 못한 일이 벌어지는 기적이 있다. 당신이 원하고 기도하던 결과를 위해 모든 일을 했는데도 이뤄지지 않다가 갑자기 마법처럼 그 결과가 눈앞에 나타난다. 그런 식으로 갑자기 현현한 것을 가끔 기적이라 부를 수 있다.

또 다른 기적은 좀 더 중요하고 값진데다가 무려 공짜다. 지금 당장이라는 기적이다. 이 기적이야말로 내가 가르치는 것의 핵심이다. 기적은 지금이다. 우리가 갈망하고, 찾아다니고, 얻기 위해 돌진하고, 투쟁하는 모든 것이 사실 이미 여기에 있다. 지금 이 순간에 있다.

대부분의 사람은 미래를 고대하는 일에 사로잡혀 있다. 스스로에게 '미래에는 지금보다 나아질 것'이라고 말하기 때문이다. 과거를 돌아보며 '지금보다는 옛날이 훨씬 좋았지'라고 생각하기도 한다.

두 가지 경우 모두에서 우리는 자신을 속인다. 이 생각들은 망상이다.

우리는 지나온 날들을 되돌아보지만 당연하게도 과거를 정확히 기억하지 못한다. 많은 과학적 연구가 우리는 자신의 마음에 농락당하고 있다는 사실을 증명했다. 우리는 상황이 실제로 더 악화되고 있을 때 더 나아지고 있다고 생각하고, 상황이 실제로 더 개선되고 있을 때는 더 악화되고 있다고 생각한다. 과거를 공정하게 평가할 수 없으므로 우리는 과거를 볼 수 없다. 무언가를 창조할 수 있는 가능성을 지닌 채 미래를 바라보는 일은 성취를 위한 도움닫기가 될 수 있다. 그러나 나는 능력이 모여드는 시점이 지금 이 순간임을 아주 오래전에 배웠다. 마법은 지금 바로 여기서 벌어진다.

원하는 성과를 창조하는 능력은 바로 여기서 비롯된다. 지금이라는 기적을 더 많이 누릴수록 다음에 나타날 기적으로 당신이 원하는 성과를 더 많이 창조할 수 있다. 따라서 내게 호오포노노는 지금으로 향하는 직접적인 경로다. 당신은 네 가지 말을 읊조리고, 이 순간의 마법과 힘과 위대함을 명확히 보지 못하게 눈앞을 가로막는 모든 신념을 없애 달라고 더 고귀한 힘에게 부탁해 원하는 것을 이룰 수 있다. 그리고 지금이라는 기적 속에서 살아가는 능력은 당신이 무한한 자아의 힘을 경험할 수 있는 가장 직접적인 통로가 된다.

- 눈에 보이는 모습이 전부 진짜는 아니다. 당신이 보는 외부의 모든 것이 당신의 내면을 반영한다. 변화하고 싶다면 내면부터 변화하라.

- 어려움에 처해 있다면 그것은 당신의 잘못이 아니지만 당신의 책임은 맞다. 당신이 현실을 창조하기 때문이다. 호오포노포노를 통해 신념을 정화하면 외부의 어려움도 함께 제거할 수 있다.

- 결과를 바꾸고 인생을 바꾸는 아주 간단한 문장
  1) 사랑해요.
  2) 미안해요.
  3) 나를 용서하세요.
  4) 감사해요.

- 호오포노포노는 무언가 당신의 성과를 방해하는 것처럼 느껴질 때 사용하면 효과적이다. 하지만 우리는 너무나도 많은 제한의 신념을 갖고 있기에 할 수 있는 한 호오포노포노를 계속하는 것이 가장 좋다.

YOUR
UNLIMITED
SELF

5장

어떻게
꿈과 가까워질 수
있을까?

주파수를 맞추는 법

무엇을 상상하고 믿든지
인간의 마음은 그 모든 것을 이뤄 낼 수 있다.

나폴레온 힐 (작가)

20

무아지경을 만드는
몰입의 세계

자기 최면

어떤 사람들은 최면이 조작이라거나 비윤리적이라거나 혹은 부두교와 유사하다고 여긴다. 어떤 이들은 최면이 효과가 없다는 글을 몇 년에 걸쳐 썼다. 이들은 조사를 제대로 하지 않았다.

최면은 놀랍다. 과학적으로 증명된 도구이며 미국 의학 협회에서도 인정했다. 치과 의사들은 약물을 사용하지 않고 환자들의 고통을 무디게 만드는 용도로 최면을 쓴다. 당신이 생각해 낼 수 있는 모든 곳에서 최면이 사용된다.

유감스럽게도 최면에 대해 말하면 대부분 무대 최면을 떠올린다. 무대 최면은 정신의 일정 부분이 최면에 영향을 받을 수 있음을 보여 주면서도, 최면이 얼마나 이롭고 건설적인지를 모호하게 만든다. 치료사, 상담사, 정신과 의사들은 불안과 학대 문제, 비만과 불면증 등 많은 질환을 치료하기 위해 최면을 사용한다. 최면에 걸린 환자들은 마취제 없이 수술을 받기도 한다.

불행히도 최면은 18세기에 호주의 의사 프란츠 안톤 메스머와 함께 험난하게 출발했다. 그는 현란하고 대담한 쇼맨이었고, '동물 자기Animal Magnetism'라고 부르는 힘을 사용한다고 말했다. 벤저민 프랭클린이 소속된 프랑스의 한 과학 위원회는 최면술이 실제로 작동하는지 알아봐 달라는 요청을 받았다. 조사를 끝내고 돌아온 이 위원회는 최면술이 사실에 기반을 두지도, 과학적이지도 않다고 발표했다.

이 위원회는 오늘날의 기술을 갖추지 못해서 뇌와 뇌파를 읽고 정보를 발견할 능력이 없었다. 그러나 이제 우리는 깨어남에 단계와 정도가 있으며 트랜스 상태에 머무를 수 있다는 사실을 안다. 실제로 '각성된 트랜스'라는 상태가 존재한다. 각성된 트랜스란 두 눈을 뜨고 있어서 깨어 있는 것처럼 보이지만 정신적으로 매우 집중하고 있어서 자신이 어디에 있는지 모르는 상태를 의미한다.

사실 거의 모든 사람이 '고속 도로 최면'과 관련이 있다. 아주 오랫동안 운전을 하다 보면 불현듯 '저 출구로 나갔어야 했는데' 하고 깨달을 때가 있다. 이것이 각성된 트랜스 상태다. 그 순간 다른 무언가가 당신의 정신을 지배해 출구를 놓치고 만 것이다.

언제든 초자연적인 상태가 될 수 있다

우리는 목적을 달성하기 위해 현실을 구성하는 방법을 찾고 있다. 우리는 시각화를 통해 원하는 결과를 정신적으로 가공하려 한다. 망상 활성계를 떠올려 보자. 우리는 부정적인 상상으로 연거푸 망상 활성계를 어지럽혔다. 따라서 우리는 욕망하는 성과를 끌어당길 수 있도록 망상 활성계를 다시 프로그래밍할 필요가 있다.

최면은 망상 활성계를 다시 프로그래밍 하는 훌륭한 방식이다. 게다가 제한의 신념을 없애는 데에도 제격이다. 최면은 우리가 신념을 찾았을 때 개입해 완전히 다른 서사를 만들어 낼 수 있다. 심지어 신념을 내려놓으라고 스스로에게 명령할 때도 자기 최면을 사용할 수 있다.

치료사에게 갈 필요도 없다. 무대 위에 올라갈 필요도 전혀 없다. 혼자 자기 최면 거는 법을 배울 수 있고, 아주 간단하며, 쉽고, 안전하다. 스스로에게 최면을 걸기 때문에 자신을 조종한다고 볼 수 없다. 다만 꿈을 이뤄 나갈 수 있는 방향으로 당신 스스로를 조종한다고 말하는 경우는 예외다. 당신은 자신에게 해가 될 일은 아무것도 하지 않을 것이다. 당신은 원하는 결과를 향해 나아가고 있으며, 그 결과는 당신과 가족, 그리고 지구 전체는 아니더라도 어쩌면 공동체에 도움이 될 것이다.

나는 최면에 관해 할 이야기가 많다. 우리 회사의 이름은 '힙노틱 마케팅('최면 마케팅'이라는 의미다)'이다. 내가 쓴 책의 제목과 같다. 나는 《꽂히는 글쓰기Hypnotic Writing》라는 책도 썼고 최면 스토리텔링에 관해서도 썼다. 나는 최면에 걸리고, 최면을 연습하며, 다른 사람들에게 최면을 건다.

최면은 시각화와 조금 다르다. 시각화는 최면에 사용하는 도구다. 최면을 긴장 완화 기술이자 당신이 원하는 결과에 집중할 수 있도록 주의력을 날카롭게 세워 주는 방법이라고 생각하자. 당신은 긴장 완화에 집중할 수 있다. 시각화 같은 도구들을 사용하는 데에 초점을 맞출 수 있지만, 당신의 정신을 제어하고 있는 것이다. 최면으로 당신은 긴장을 풀고, 집중하고, 당신이 이루고자 하는 것에 정신을 겨냥한다.

실제로 우리는 모두 일종의 트랜스 상태에 빠져 있다. 심지어 지금 이 순간도 말이다. 내가 〈래리 킹 라이브〉라는 프로그램에 처음 출연했을 때 래리 킹은 영화 〈시크릿〉을 홍보하면서 트랜스에 관해 다뤘다. 나는 이렇게 말했다.

"우리는 모두 트랜스 상태에 있어요. 소명의 트랜스에 빠져 있죠. 우리는 우리가 특정한 사람이라 생각합니다."

'저는 작가예요.'

'저는 강연자예요.'

'저는 주부예요.'

'저는 사업가예요.'

'저는 요리사예요.'

'저는 세 아이의 엄마예요.'

"저는 …예요"라는 말은 트랜스 상태에 빠져 있다는 사실을 보여 준다.

21

부정적인 영향에서
멀어지는 방법

프로그래밍

트랜스에 빠지는 일은 쉽다. TV는 우리를 어떻게 프로그래밍해야 하는지 안다. 텔레비전과 그 너머의 사람들은 망상 활성계가 반응하게끔 무언가를 창조하는 법을 안다. 이들은 우리의 마음을 사로잡는 이미지를 만든다. 감정을 창조해 그 이미지를 우리의 망상 활성계에 각인시킨다. 또한 프로그램을 방영하는 내내 이미지들을 몇 번이나 반복해서 보여 준다. 음악 역시 무의식적인 방법으로 당신을 프로그래밍한다.

대중 매체는 매우 강력하게 최면을 거는 방식으로 프로그램을 프로그래밍한다. 나는 그것이 나쁘다고 생각하지 않는다. 프로그램 뒤의 누군가가 의도적으로 사람들을 세뇌하거나 트랜스에 빠뜨린다고 생각하지는 않는다. 이들은 무심코 그러는 것이다. 우리는 깨어나는 사람들이자 명료해지고 싶고 더 좋은 성과를 얻고 싶은 사람들로서 이 프로그래밍을 인식해야 한다. 그리고 우리가 어디에 집중하고 싶은지 의식적으로 선택해야 한다.

나는 현재 TV를 갖고 있지 않지만, TV가 보고 싶다면 무엇을 볼지 직접 선택할 것이다. 그리고 즐겁게 TV를 보는 동안에도 그 방송이 나를 어떻게 프로그래밍 하는지 주의를 기울일 것이다. 사람들은 가끔 TV를 보며 무의식적으로 실수를 저지른다. 인생은 항상 그럴 것이라고 무의식적으로 결론 내리는 것이다. 그리고 자기 삶에서 드라마를 만들어 내 자신이 TV에서 본 것과 동일한 흥분을 누리려 한다.

이것이 무의식적인 프로그래밍의 예다. 시청자들은 신념들을 창조한다. 내가 노숙자였을 때 했던 것과 똑같다. 잭 런던과 어니스트 헤밍웨이같이 자기 파괴적인 작가들을 흠모한 나는 무의식적으로 자기 파괴적인 사람이 됐다.

이 모든 경우에서 우리는 프로그래밍에 대해 알아차리고 싶어 한다. 프로그래밍은 최면의 형태이며 우리를 트랜스 상태에 빠지게 한다. 이 트랜스가 당신에게 도움이 되는가, 아닌가? 도움이 되지 않는다면 이제 그 트랜스 상태에서 깨어나 또 다른 트랜스로 옮겨 갈 차례다. 도움이 된다면 그 상태를 즐기자. 당신이 원하는 것을 얻을 때까지 계속 나아가자.

TV의 자극에 지배받지 않으려면

텔레비전은 오락이지만 프로그래밍이기도 하다. 매체는 자신들이 우리를 프로그래밍한다는 사실을 모르고서 무의식적으로 '프로그램'이라고 부른다.

당신이 건강한 삶을 위해 할 수 있는 최선은 뉴스에 신경을 끄는 것이다. TV를 끄자. 당신은 보고 싶은 것을 선택할 수 있지만, 그것은 보통 당신에게 깊이 영향을 미칠 것이다. 당신의 내면을 재설계하고 있는 버튼을 알아차리지 못한다면 당신은 곧 프로그래밍된 채 살아 있는 로봇이 될 것이다.

뉴스 매체는 어떻게 바깥세상에서 가장 오싹한 이야기들을 찾을 수 있는지 안다. 당신 동네에 무서운 소식이 없으면 이들은 다른 지역으로 옮겨 간다. 거기서도 아무것도 찾지 못하면 그 나라의 또 다른 어딘가로 찾아 나선다. 이들은 당신이 겁먹을 만한 것들을 찾아다닌다. 왜냐고? 당신의 망상 활성계는 생존을 위해 프로그래밍됐기 때문이다. 당신이 두려워하는 경보, 당신이 위험에 처할지도 모른다는 경보가 존재한다면 당신은 그것에 대해 알아야 자신의 생명을 구하기 위한 무언가를 할 수 있다.

매체는 그 상태를 조작한다. 이들은 당신이 두려움에 떨게 하는 식으로 주의를 끈다. 진실과 거짓, 사실과 신념, 광고와 홍보를 불어넣는다. 이런 것들에 주의를 빼앗겨 당신이 활짝 열린 상태가 되면 매체는 끊임없이 그것들을 주입한다. 따라서 TV를 켜 놓은 이상 당신은 계속 프로그래밍당한다. 이 상태는 당신이 깨어나 그게 프로그래밍이었다는 생각에 다다를 때까지 효과를 발휘한다.

휴 렌 박사와 첫 번째 책《호오포노포노의 비밀》을 집필하던 시기에 그에게서 전화를 받은 적이 있다. 나는 그에게 물었다.

"오늘 오후에 뭘 하셨어요?"

"TV를 봤어요."

"뭘 보셨나요?"

"뉴스요."

"세상에나."

내가 말했다.

"왜 뉴스를 보셨어요? 저는 모든 사람에게 뉴스를 끊으라고 말하는데요."

"제 안의 기폭 장치들을 깨끗이 치우고 싶었기 때문이에요."

그는 TV 뉴스를 자신의 신념과 발작 버튼, 기폭 장치가 어디에 있는지 찾아내는 도구로 활용했다. 그리고 그것들을 찾아내면 호오포노포노를 사용해 제거했다. 그는 나와는 다른 방식으로 TV를 대했다. 나는 TV를 꺼 두거나 아예 없애 버리는 편이 더 쉽다는 사실을 깨달았다.

22

감각을 깨우는
집중의 기술

완화

　자기 최면으로 돌아가자. 그리고 빙산을 떠올려 보자. 의식적 마음과 무의식적 마음이 있다. 의식적 마음은 가장 높은 레벨이자 빙산의 일각이다. 대부분 의식적 마음이 인생의 성과를 만들어 낸다고 생각하지만 정말 성과를 만드는 것은 잠재의식적·무의식적 마음이다. 잠재의식적·무의식적 마음은 수면 아래에 가라앉은 채 빙산의 더 많은 부분을 차지한다. 의식적 마음은 그저 빙산의 일부일 뿐이다.

　잠재의식적·무의식적 마음에는 일종의 작업이 필요하다. 이쯤에서 동인이 등장한다. 예컨대 당신이 돈에 대한 신념을 갖고 있다고 예를 들어 보자. 작디작은 빙산의 끄트머리는 이렇게 생각한다.

"나는 돈을 원해."

당신은 이를 빙산의 일각에 새기지만 그 아래에는 다른 신념들이 존재하고 그 신념들은 무엇이든 될 수 있다.

"나는 그게 가능하다고 믿지 않아."

"나는 그런 걸 누릴 가치가 없어."

"무언가 부족해."

"돈은 썩었어."

잠재의식적·무의식적 마음에는 이 모든 신념이 담겨 있다. 호오포노포노는 의식 밑에 깔린 빙산의 데이터를 대상으로 작동한다. 자기 최면도 마찬가지다. 자기 최면은 잠재의식에 접근하기 위해 의식적 마음을 사용한다. 최면술사에게 이렇게 말한다고 생각해 보자.

"제가 최면에 걸리게 해 주세요. 저는 특정한 성과를 이루려고 노력하지만 여러 신념이 저를 가로막는 것 같아요. 저를 의식 저편으로 데려가 신념의 미로를 헤치고 다니게 해 주세요."

자기 최면을 통해 하는 일이 실상 이런 것이다. 다만 자기 최면은 스스로에게 행할 수 있다. 우리는 원하는 것을 현실로 만들기 위해 자기 최면을 활용하려 한다. 그리고 원하는 것이 무엇인지를 의식적 마음으로 주장할 것이다. 우리가 무엇을 이루고 싶어 하는지 생각하는 것만으로도 신념을 알아낼 수 있을지도 모른다.

그러고 나서 자기 최면을 통해 잠재의식적 마음으로 들어간다. 우리는 잠재의식을 초기화하고 제한의 신념들을 내보내며, 필요하다면 새로운 신념들을 채워 넣는다. 그 후 잠재의식에서 빠져나와 새로운 프로그래밍이 의식적 마음에 스며들어 새로운 현실을 창조할 수 있게 만든다.

이를 아주 간단하게 실행해 보자. 우선 최면이라는 단어에서 느껴지는 부담스러운 감정을 제거하고 싶다. 이를 위해서는 긴장을 완화할 필요가 있다. 긴장이 풀려야 잠재의식에 접근할 수 있기 때문이다. 스트레스는 당신이 잠재의식에 접근하지 못하도록 방해한다. 당신은 잠재의식적 마음이 긴장을 풀 수 있게 대신 귀띔해 달라고 의식적 마음에게 부탁해서 의식과 잠재의식 사이의 보이지 않는 장벽을 뛰어넘고 싶은 심정일 것이다. 당신은 잠재의식적 마음에 무언가 집중할 거리를 던져 주는 식으로 긴장을 완화할 수 있다.

전통적인 최면술사라면 촛불을 켜고 당신에게 불꽃을 응시하라고 부탁할 것이다. 나는 19세기 프랑스에서 제작된 최면술사의 지팡이를 하나 갖고 있다. 이 지팡이의 꼭대기에는 붙였다 뗐다 할 수 있는 수정이 달려 있고 그 안에는 양초가 있다. 최면술사는 양초에 불을 붙인 후 그 촛불을 응시하라고 요구하며 당신을 집중시킬 것이다. 지팡이에는 작은 금시계도 달려 있다. 최면 대상이 시계를 바라보게 해 최면을 거는 옛날 방식이다. 이 도구들은 무엇을 위한 것들인가? 그저 속임수일 뿐일까? 아니다. 마음을 집중할 수 있는 방식이다.

운전을 하다가 고속 도로 최면에 빠졌다면 당신은 도로에 마음을 점령당한 것이다. 운전이 지루해지고 반복적으로 느껴지면서 마음이 흐트러지지만 당신은 여전히 차선을 따라가야 한다는 사실을 알고 계속 운전한다. 도로의 출구가 어디인지도 안다. 빠져나가야 할 때를 딱 맞게 알아차리기도 하고 막 출구를 지나쳤다고 이야기하기도 한다. 여기까지 읽었을 때 당신은 의식적으로 말할 것이다.

"나는 느긋해지고 싶어, 잠재의식아. 나는 네가 좀 느긋해졌으면 좋겠어."

속도를 늦출수록 더 깊은 곳에 닿을 수 있다

어떻게 해야 할지 함께 살펴보자. 내가 가장 좋아하는 방식은 점진적인 긴장 완화다. 쉽게 잠이 들지 않을 때 나는 잠들기 위해 점진적인 긴장 완화법을 활용한다.

이 방법을 사용하기 위해서는 우선 침대에 누워야 한다. 원한다면 앉아 있어도 된다. 당신의 발가락에 긴장을 풀라고 의식적으로 말을 건네자. 그냥 명령해도 된다. 최면술에서는 언제나 명령을 내린다. 발가락의 감각을 느끼기 위해 꼼지락거려도 좋지만, 그 부위에서는 시간을 조금만 보내자. 그 후 점차 발바닥, 발의 아치, 발꿈치, 발목으로 넘어간다. 천천히 그리고 점진적으로 몸을 따라 올라가면서 몸이 편안함을 느끼게 하자. 당신은 잠재의식과 육체가 긴장을 풀 수 있도록 의식적으로 구슬려야 한다. 다리와 허벅지 그리고 몸 전체로 확대해 나가자. 나는 보통 복부 근처에 다다를 때 잠이 들었다는 것을 깨닫는다. 그리고 다음 날 아침 일어나서는 이렇게 말한다.

"내가 점진적인 긴장 완화법을 어느 부위까지 썼더라? 배 어디쯤 도착했을 때 정신을 잃었지."

이 방법을 사용하기 위해 당신의 목소리를 직접 녹음하는 것도 훌륭한 방법이다.

"좋아, 조. 일단 눕자. 긴장을 풀자. 몇 번 깊이 숨을 쉬어 봐. 이제 발가락을 바라보자. 발가락의 긴장을 풀어 봐. 이제 발바닥의 긴장을 풀어 보자."

중간중간 멈춰 가며 천천히 말하자. 이런 식으로 몸 전체를 훑으며 점차 느리게 말해 보자. 온몸의 긴장이 풀리면 그때 잠재의식에 명령을 내릴 수 있다.

"나는 이제 매일 밤 별다른 노력 없이도 쉽게 잠이 든다. 그리고 매일 밤 점점 더 빨리 잠드는 일에 능숙해진다."

"이제 나는 더 많은 돈을 벌수록 더 많은 돈을 받을 것이라고 믿는다."

혹은 당신이 받아들이고 싶은 다른 서술이나 확언도 가능하다.

당신이 잠들었는지 여부는 중요치 않다. 당신의 더욱 깊숙한 곳에서는 어쨌든 귀를 기울이고 있기 때문이다.

당신은 그곳을 향해 다섯 가지 혹은 열 가지 명령을 내릴 수 있다. 그리고 명령들을 몇 차례 반복할 수 있다. 망상 활성계는 반복을 좋아한다. 그 후 휴식이나 잠에 쓸 시간을 조금 남겨 두자. 마침내 당신은 깨어나기 시작한다. 당신은 이렇게 말할 수 있다.

"다섯까지 세는 순간 깨어나는 거야. 다섯에 다다르면 나는 그 어느 때보다 더욱 느긋해질 거야."

다른 명령을 더 내릴 수도 있다.

"나는 정신을 바짝 차릴 거야. 내가 어디에 있는지 알게 될 거야. 나의 태도와 환경을 파악할 거야. 두 눈을 크게 뜨고 빙그레 미소를 짓자."

이 모든 것은 당신이 느끼고 싶은 것들에 대한 명령이다. 그리고 나면 마지막에는 손뼉을 치거나 손가락을 튕기며 말하자.

"오케이. 깨어났네."

자기 최면이 이렇게나 쉽다.

자기 최면을 더 자주 걸수록 스스로를 더 많이 믿을 수 있다는 사실을 깨닫게 될 것이다. 그리고 당신의 잠재의식·무의식적 마음도 더 많이 믿을 수 있을 것이다. 나는 현대의 가장 위대한 최면술사 가운데 한 명이었던 밀턴 에릭슨의 제자였다. 그는 몹시 별난 동료였지만 감탄이 절로 나올 만한 성과를 얻는 것으로 유명했다. 그는 자신의 무의식을 믿기 위해 독학했고, 다른 사람들에게 무의식을 믿으라고 가르쳤다. 자신감은 자신에게 자신만의 답이 있다는 것을 깨달을 때 생긴다. 호오포노포노를 비롯해 내가 설명하고 있는 다른 정화의 도구들을 사용해야만 할 수도 있지만, 당신이 무의식에서 우러나오는 내면의 지혜를 갖고 있음을 깨닫게 될수록 당신은 그 답에 더욱 큰 자신감을 얻게 될 것이다. 위대한 성과는 거기에서 나온다.

23

미래로 통하는
길이 있을까?

퓨처 페이싱

자기 계발 작가로 유명한 웨인 다이어는 언젠가 마음의 마법을 보여 주는 활동을 했다. 그는 이렇게 말했다.

"아름다운 장미 덤불을 시각화해 보세요. 마음속으로 장미를 볼 수 있나요?"

사람들은 "네, 장미 덤불이 있어요"라고 대답했다.

"이제 어린 강아지가 자는 모습을 시각화해 보세요. 강아지가 숨 쉬는 소리를 들을 수 있어요."

"와, 맞아요. 어린 강아지가 있어요. 숨을 쉬고 있네요. 정말 아름답고 귀여워요."

그 후 웨인 다이어는 이렇게 말했다.

"당신이 어떻게 그렇게 할 수 있었는지 말해 준다면 1만 달러를 드리겠습니다. 머릿속에서 장미를 어떻게 강아지로 바꿨죠? 처음에는 분명히 아름다운 꽃을 떠올렸는데 어떻게 눈 깜짝할 사이에 강아지를 보게 된 거죠? 마음속으로 어떻게 그런 일이 벌어졌을까요?"

이 이야기는 우리 뇌 속에서 구현할 수 있는 마법이 얼마나 신비로운지 보여 준다. 다이어는 단 한 번도 1만 달러를 내줄 일이 없었다. 그 누구도 이것을 기계적이고 과학적인 방식으로 풀이하지 못했다.

이 점을 생각할 때 당신의 잠재의식에 자신감을 가질 수 있을 것이다. 잠재의식에는 답이 있기 때문이다. 잠재의식은 또한 힘을 가졌다. 그리고 지혜를 가졌다. 당신이 의식적으로는 갖지 못한 연결 고리를 가졌다. 이곳에서 직관과 영감이 흘러나온다.

자기 최면을 통해 당신은 원하는 성과에 주파수를 맞추고 나머지 세계는 무시할 수 있다. 그리고 퓨처 페이싱 Future Pacing 이 가능하다. 즉, 현실에 존재하는 동시에 미래로 통하는 길을 상상하며 이렇게 말하는 것이다.

"나는 이제 원하는 것을 이뤘어."

당신이 성과를 거뒀다고 상상할 때, 그 시기는 다음 주가 될 수도 있고 다음 달이나 다음 해가 될 수도 있지만 그 성과가 얼마나 현실적인지는 먼저 상상할 수 있다. 당신의 상상력이 만들어 내는 허구가 아니다. 당신은 원하는 결과를 마음속으로 창조했고 그 모습은 매우 생생하다. 이제 당신의 망상 활성계는 목표의 구체성을 인식할 수 있다. 당신은 이 순간에 있으면서 느긋하게 긴장을 풀고 강한 잠재의식적 마음과 소통해 미래를 퓨처 페이싱 하는 것이다. 당신은 이것에 완전히 몰두하고 나머지 세계를 지워 버리는 식으로 퓨처 페이싱을 해낸다. 이를 바탕으로 당신은 다음의 신호를 뇌에 심을 수 있다.

"이게 내가 원하는 성과야."

이 모든 것이 자기 최면을 하는 동안 이루어질 수 있다. 그리고 강력한 효과를 낸다. 기적은 그로부터 생겨난다.

두려울 때 나는 다른 사람의 얼굴을 하고 있다

이제부터는 제한의 신념을 지우기 위해 자기 최면을 사용하는 또 다른 방식을 살펴보자.

내가 난생처음 밴드와 함께 싱어송라이터로서 무대에 오르기로 했을 때 나는 겁에 질려 있었다. 사람들에게 이에 대해 말하자 이들은 내가 농담을 한다고 생각했다.

"당신은 전 세계의 수많은 청중 앞에서 몇 번이고 무대에 올랐잖아요. 그리고 영화에도 나오고 TV에도 출연하지 않았나요."

"맞아요. 하지만 가수로는 아니었죠."

공연은 텍사스주 오스틴에 있는 나이트클럽에서 할 예정이었다. 나는 이렇게 생각했다.

"여기서 빠져나갈 방법이 있나? 난 못하겠어. 나는 사람들에게 두려움에 맞서 용기를 갖고, 기적을 믿고 신념을 지워 성과를 이룩하라고 가르치는 사람이야. 어떻게 하면 여기서 벗어나지? 하지만 빠져나갈 수가 없네. 나는 이걸 꼭 해야 해."

그래서 어떻게 했을까? 우선 나는 이 책에서 설명하는 거의 모든 도구를 활용했고 동시에 자기 최면도 사용했다. 나는 겁 없는 대중 가수라는 또 다른 자아를 만들었다. 심지어는 이 자아에게 이름과 서사도 만들어 줬다. 이 대중 가수의 이름은 바로 안토니오 뱀베다.

'안토니오 뱀베는 쿠바 출신이다. 아직 어린 소년이었던 1960년대에 카스트로가 집권하자 그는 쿠바를 탈출했다. 그는 가수의 자질이 충분했지만 쿠바에서는 기회를 얻을 수가 없었다. 그는 미국에 갔다. 처음에는 영어를 할 줄 몰랐지만 차차 배웠다. 길거리에서 노래를 하며 돈을 모았고, 인기를 충분히 얻어 몇몇 클럽에 초대를 받았다. 그 후에는 더 큰 공연장에서 노래를 하라는 요청을 받았다.'

이것이 나를 위해 만든 자기 최면의 트랜스 상태였다. 밴드와 함께 무대 위에 올라 나는 아주 끝내주게 공연을 했고 기립박수를 받았다.

나는 안토니오에 관해 아무에게도 이야기한 적이 없고, 그 누구도 안토니오에 대해 몰랐다. 모든 일이 마무리된 지금은 이야기할 수 있다. 나는 자기 최면을 사용했다. 그리고 나를 점차 편안한 상태로 이끌었다. 나는 머릿속에서 창조한 안토니오를 상상하기 시작했다. 안토니오라면 어떻게 했을까? 어떤 소리를 냈을까? 그 후 안토니오라는 캐릭터를 연기하기 위해 스스로 퓨처 페이싱을 했다. 내가 안토니오라면 어땠을까?

또 다른 자아가 있는 척 행동하는 것은 당신에게 미처 있는지도 몰랐던 잠재력을 끌어낸다. 당신이 흠모하는 그 능력들을 당신도 이미 갖고 있다는 사실을 제외하면 롤모델을 만드는 것과도 같다. 또 다른 자아는 잠재력들을 끌어내는 데에 도움이 된다.

나는 내가 원하는 성과를 위해 상상력을 발휘하여 자기 최면을 사용했다. 나는 당신에게 이와 같은 방법을 추천한다. 다시 한 번 말하지만, 원하는 결과를 얻기 위해 최면을 거는 수천수만 가지 방법이 있다. 자기 최면은 정말 멋진 방법이고 누구나 할 수 있다.

만약 사람들 앞에서 연설하는 일이 두렵다면 나는 스스로에게 "가장 뛰어난 연설가에는 누가 있지?"라고 물을 것이다. 그리고 환상적일 정도로 멋진 연설가로 알려진 마크 트웨인을 떠올리리라. 존 F. 케네디를 떠올리거나, 마틴 루터 킹을 생각할 수도 있다. 어쩌면 내가 살면서 만난 다양한 사람을 떠올릴 수도 있다. 이들을 생각하며 이렇게 물어보자.

"그 사람은 어떻게 할까? 그들의 특징은 뭐지?"

마틴 루터 킹은 그 유명한 "나에게는 꿈이 있습니다"를 연설할 때 일곱 장의 메모지를 준비했다고 한다. 그러나 그는 메모지를 보지 않았다. 연설에 앞서 자리에 앉아 메모지를 훑어보고 있었는데 그의 연설을 들어 본 적 있는 무리 중 한 명이 이렇게 말한 것이다.

"이봐요, 킹 목사. 사람들에게 꿈에 관해 이야기해 주세요."

마틴 루터 킹은 자리에서 일어나 즉흥적으로 그 유명한 연설을 해냈다. 그는 자기 자신과 자신의 경험을 믿었다. 그리고 잠재의식을 믿었다.

어떤 기량은 경험에서 나오고, 또 어떤 기량은 역할극에서 나온다.

"내가 안토니오 벰베라면 무대 위에서 어떻게 할까?"

어디에서든 자기 최면은 그동안 속박돼 있던 당신의 무한한 자아를, 당신의 경이로운 일부를 이끌어 낸다.

꿈을 현실로 바꾸는
생각 혁명

- 인생의 성과를 만드는 것은 의식적인 마음이 아니라 잠재의식적인 마음이다. 자기 최면으로 잠재의식을 초기화하고 당신을 지지할 새로운 신념을 채워 넣어라.

- 스트레스는 당신이 잠재의식에 접근하지 못하게 방해한다. 점진적으로 긴장을 완화하는 방법을 사용하라. 온몸의 긴장이 풀리면 그때 잠재의식에 명령을 내릴 수 있다.

- 대중매체는 우리의 무의식을 프로그래밍한다. 건강한 삶을 위해서는 당신의 내면을 재설계하는 TV를 꺼라.

- 이미 성과를 거뒀다고 상상할 때 망상 활성계가 목표를 구체적으로 인식한다. 이를 통해 원하는 성과에 주파수를 맞추면 당신을 제한하는 나머지 세계를 무시할 수 있다.

- 이루고 싶은 성과 앞에서 위축될 때는 당신에게 다른 자아가 있는 것처럼 행동하라. 그럼 당신에게 있는지도 몰랐던 잠재력을 마주할 것이다. 원하는 성과를 위해 상상력을 발휘하라.

YOUR
UNLIMITED
SELF

6장

어떻게 에너지를
끌어올릴 수
있을까?

인생을 즐겁게 하는 법

기쁨은 사물 안에 있지 않다.
그것은 우리 안에 있다.

리하르트 바그너(작곡가)

24

나이에 상관없이
하고 싶은 것을 하는 방법

결심

앞서 언급했듯 나는 60세가 됐을 무렵 뮤지션이 되기로 결심했다. 내 버킷 리스트에 있던 목표였다. 나는 인생을 되돌아보며 이렇게 말했다.

"이제껏 꽤 많은 일을 이뤘어. 이제는 뭘 하고 싶지?"

그리고 생각했다.

"나는 언제나 음악을 하고 싶어 했지."

나는 하모니카를 연주할 줄 알았다. 하모니카는 집에서 소박하고 즐겁게 연주하기 훌륭한 악기였다. 즉흥적으로 블루스도 연주할 줄 알았지만 정작 내가 연주하고 싶은 것은 기타였다. 나는 노래를 작곡하고 싶었고 스튜디오에 가고 싶었다. 나만의 앨범을 녹음하는 일에 대한 판타지가 있었다. 얼토당토않는 판타지였다. "가서 이렇게 해 봐"라고 조언해 줄 사람이 있었던 것은 아니었다. 그저 내 안에서 나온 공상이었다.

나는 뮤지션이 되기로 했다. 노래를 하고 기타를 연주하고 작곡하는 법을 배우리라. 스튜디오에서 밴드와 함께 노래를 녹음하는 법을 배우리라.

무슨 일이 벌어졌을까? 극심한 공포와 두려움이 찾아왔다. 왜냐고? 새로운 일을 시도하려고 하면 불편해지기 때문이다. 등산을 시작하겠다고 결심할 때 가장 먼저 벌어지는 일은 산을 오르고, 운동 실력을 발휘하고, 인내를 기르고, 기량을 키우는 모든 것에 대한 두려움이 표면으로 드러나는 것이다. 이를 모두 정화하지 않는다면 산에 오르지 못한다.

음악도 마찬가지였다. 나는 내가 느끼는 공포가 "이것이 내가 원하는 성과야"라고 결심하는 모든 사람에게 똑같이 생겨나는 감정이라는 사실을 알았다. 때문에 나는 가장 처음 해야 할 일이 당신의 목적을 서술하는 것이라고 말한다. 당신이 원하는 성과는 무엇인가? 그것을 말로 표현하자. 원하는 것을 글로 나타내자. 그러고 나면 모든 제한의 신념이 등장할 것이다. 그때가 바로 당신이 그 신념을 정화할 도구를 꺼내 들 시점이다.

나 역시 동일한 과정을 거쳐야 했다. 나는 두려움에 빠졌다.

"어떻게 이걸 할 수 있지? 나는 샤워하면서도 노래는 안 해. 운전하는 동안에도 노래를 안 한다고. 스튜디오에서 노래를 부르는 일은 생기지 않을 거야. 기타를 어떻게 연주하는지도 몰라. 나는 그냥 코드나 몇 개 알 뿐이고 그걸로 뭘 해야 하는지도 몰라."

나는 내 모든 제한의 신념을 제거하기 위해 우리가 아직 살펴보지 못한 내용들을 포함해 이 책에 등장하는 모든 기술을 사용하기 시작했다. 나는 이 모든 신념을 무너뜨렸을 뿐만 아니라 녹음하는 동안에도 계속 도구들을 사용했다. 그 결과 약 5년간 15장의 앨범을 녹음할 수 있었다.

나는 자랑하려고 이 이야기를 꺼낸 것이 아니다. 교훈을 얻으려는 것뿐이다. 신념을 무너뜨리고 신념을 정화할 때야말로 당신은 원하는 결과로 향하는 길을 단축할 수 있다. 이게 바로 내가 뮤지션이 된 방법이다.

내가 할 수 있는 것과 하려는 것을 섞어 보라

나는 힐링 뮤지션이 됐다. 나는 자칭 세계 최초의 자기 계발 싱어송라이터다. 이렇게 부르는 이유 중 하나는 내가 딱 마케터처럼 생각하기 때문이다. 나는 《꽂히는 글쓰기》 같은 책을 썼고 카피라이터이자 인터넷 마케터로도 유명하다. 근대 서커스의 창시자이자 홍보 전문가 P.T.바넘을 주제로 《1분마다 고객님이 태어나서 There's a Customer Born Every Minute》라는 책을 쓰기도 했다. 따라서 내 삶에는 마케팅적인 부분이 분명 있다.

나만의 음악을 창작하려고 하자 '어떻게 해야 내 음악이 독특해질 수 있을까? 매주 새 앨범이 1,000개에서 3,000개씩 출시되는데'라는 생각이 들었다. 군중 속에서 어떻게 해야 내 음악이 돋보일 수 있을까?

시중에 나온 음악들을 살펴봤을 때 나는 "와, 자기 계발 음악을 하는 사람이 없잖아"라고 생각했다. 그래서 나 자신을 자기 계발 뮤지션이라고 부르며 힐링 음악을 만든다고 말했다.

어떤 점에서는 그저 마케팅의 관점으로 접근하는 셈이다. 무언가 다른 것에 기대는 방식이자 시장에서 돋보이기 위한 방법이다. 그러나 또 다른 점에서는 실제로 작동하는 정화의 기술이기도 하다.

25

멜로디는
힘이 세다

음악

텔레비전의 프로그래밍에 대한 이야기로 다시 돌아가 보자. 우리는 무의식적으로 아무런 의문도 품지 않은 채 매체가 우리에게 들려주는 서술들을 장착한다. 우리는 이 서술을 떠맡은 채 두려움에 빠진다. 이 세상에 부족한 것이 있다고 생각하기 시작한다. 이 세상이 기를 쓰고 우리를 괴롭히려 한다고 생각한다.

음악 역시 마찬가지다. 롤링스톤스가 대표적인 예다. 나는 롤링스톤스를 좋아하고, 그들의 음악을 사랑하며, 이들이 몇십 년 동안 사랑받는다는 사실이 좋다. 그러나 많은 사람이 이런 혼잣말을 한다.

'나는 내가 원하는 것을 얻지 못할 거야. 나는 모든 걸 해 봤어.

책도 읽고, 영화도 보고, 하라는 일은 모두 했어. 하지만 내가 바라는 것은 얻을 수 없어.'

불현듯 이런 생각이 났다.

'세상에. 롤링스톤스는 1960년대부터 이런 이야기들을 노래했어. '당신은 언제나 원하는 걸 얻을 수 없을 거야'라고.'

롤링스톤스는 반복적으로 이 가사를 불렀고, 아마 모든 사람이 그 노래를 듣고 따라 불렀을 것이다. 우리는 롤링스톤스가 우리 머릿속에 쏙 박히는 확언을 노래하고 있었으리라고는 깨닫지 못한다. 그리고 아무런 의문도 품지 않고 그들의 말을 받아들인다. 기억하기 쉬운 가사이기 때문이다. 많은 사람들이 고개를 끄덕이며 말한다.

'맞아. 나는 언제나 원하는 것을 얻지 못하지.'

여기서 큰 교훈을 얻을 수 있다. 음악이 당신을 어떻게 프로그래밍 하는지 항상 인식해야 한다는 것이다. 당신을 처지게 하거나, 우울하게 하거나, 좌절하게 만드는 가사는 당신에게 희망을 주지 않으며 원하는 성과가 있는 방향으로 이끌지 않는다.

하모니카를 배울 때 가장 먼저 접하게 되는 장르는 바로 블루스다. 하모니카는 여러 블루스 음악에 사용되기 때문이다. 그러나 나는 수많은 블루스 음악이 슬프다는 점을 일찍이 눈치챘다. 블루스는 당신이 돈도 없고 외로우며 당신에게 남은 건 오직 맥주 한 잔과 강아지뿐이라는 신념을 강화한다. 슬프지만 다시 한 번

강조하자면 이 음악은 기억하기 쉽다. 듣기도 편하다. 당신의 삶에 바로 흡수된다.

음악이 몸과 마음에 미치는 영향

정신을 바짝 차리자. 이 음악은 당신에게 결핍과 한계를 프로그래밍 한다. 이제 당신이 TV뿐만 아니라 음악에서도 프로그래밍이 작동한다는 사실을 인식한다면 반드시 프로그래밍당하지는 않을 것이다. 그러나 우리가 무의식에 빠져 있을 때, 묻지도 따지지도 않고 정보를 흡수할 때, 결핍과 한계는 우리를 프로그래밍하는 일부가 된다. 그리고 마음의 소프트웨어의 일부가 된다.

우리는 그것을 인식하고 싶어 한다. 듣고 싶은 가사들을 좀 더 의식적으로 선택할 수 있기를 바란다. 내가 여섯 장의 앨범을 내고 앨범에 들어갈 노래들을 직접 작곡한 이유가 여기에 있다. 나는 대안을 만들기 위해 애쓰고 있다. 긍정적이고 행복한 음악을 창작하기 위해 노력하고 있다. 나는 롤링스톤스의 가사들처럼 쉽게 기억되고 사람들의 마음을 단번에 사로잡으면서도 원하는 성과를 얻을 수 있게끔 당신을 좀 더 긍정적인 방향으로 프로그래밍 할 가사를 짓기 위해 노력한다.

제이슨 므라즈는 내가 좋아하는 싱어송라이터 중 한 명이다. 행복한 음악을 위주로 작곡하는 편이기 때문이다. 이것이 힐링 음악의 핵심이다. 우리는 기분이 좋아지고 싶고 에너지가 솟았으면

한다. 과학적인 관점으로 볼 때, 우리는 행복을 느낄 수 있게끔 뇌에서 엔도르핀이 분비되기를 바란다. 도파민이 혈관을 타고 돌아 원하는 것을 모두 이룰 수 있는 느낌이 들기를 바란다.

제이슨 므라즈가 작곡한 노래 중에 "난 당신이 모든 것을 얻길 바라"라는 가사의 노래가 있다. 나는 아직도 그 노래를 들을 때마다 미소를 지으며 생각한다.

"난 당신이 모든 걸 얻길 바라. 나는 내가 모든 걸 얻길 바라."

그 노래를 들을 때면 내 마음은 두둥실 떠오른다. 실제로 나는 이 노래를 페이스북 페이지에 가장 좋아하는 노래로 등록해 내 페이스북에 방문하는 사람들이 엔도르핀의 급류에 올라탈 수 있게 한다.

우리에게 이렇게 해 주는 음악은 보물과 같다. 가사가 있든 없든 이 세상에는 사람들이 선택할 수 있는 긍정적인 음악이 어마어마하게 많다.

여기서 내가 하고 싶은 말은 음악이 당신의 몸과 마음에 어떤 영향을 미치는지 알아차려야 한다는 것이다. 그다음에는 당신이 원하는 것을 이룰 수 있도록 현명하게 음악을 선택해야 한다.

26

행동이 생각을 바꾸기도 한다

리마인더

내 최신 앨범 〈The Great Something〉에는 〈The Glad Game(기쁨 놀이)〉이라는 노래가 실려 있다. 주제는 매 순간 모든 사람에게 언제나 좋은 무언가가 존재한다는 것이다. 이 노래는 엘리너 H. 포터가 1913년에 쓴 유명한 소설 《폴리애나》에서 비롯된 것으로, 《폴리애나》는 오랜 시간에 걸쳐 여러 영화와 TV 프로그램으로 제작됐다. 어린 폴리애나는 '기쁨 놀이'를 배웠다. 어떤 상황이 벌어져도 자세히 들여다보면 기뻐할 만한 무언가를 찾을 수 있다는 교훈이 담긴 놀이였다.

이 놀이에 걸리는 시간은 1분에서 2분 정도다. 당신은 상황을 살펴보고 '이 상황에서는 아무것도 좋은 게 없군'이라고 생각할 수도 있다. 그러나 숨을 깊게 들이쉬며 잠시 멈췄다가 좀 더 깊숙이 들여다보며 "좋아. 이건 어떻게 풀어낼 수 있을까?"라고 물어보자.

코치인 커트 라이트는 이렇게 말했다.

"부정적인 사건이 벌어지고 1년이 흐른 뒤, 그 사건에서 유머를 찾아내고, 사람들이 낄낄댈 만큼 인상 깊은 이야기를 꺼내고, 가끔은 그 사건을 떠올리며 웃을 수 있다는 사실을 깨달은 적 있나요?"

그 후 그는 이렇게 덧붙였다.

"부정적인 사건이 벌어지고 1년이 흐른 뒤에 유머를 찾아냈다면 그 사건이 벌어졌던 당시에도 유머는 존재하지 않았을까요? 그저 유머를 바라볼 준비가 되지 않았던 것뿐입니다."

나는 《폴리애나》를 읽고 생각했다.

'정말 놀라워. 사람들은 이게 얼마나 대단한 정화의 기술인지 알아차리지 못하는 건가? 사람들은 부정적인 것에 사로잡힐 때 자신이 원하는 것을 얻지 못해. 이들은 정신적인 과정을 망쳐서 더 이상은 자신의 선택권과 기회를 명료하게 볼 수 없어.'

기쁨 놀이를 할 때 당신은 가능성과 선택의 자유를 맞이하게 된다. 무언가 좋은 것을 찾는 놀이이기 때문이다.

나는 기쁨 놀이에 대한 곡도 썼다. 사람들이 그러한 관점으로 삶을 바라보도록 도와주기 위해서였다. 나만이 이런 작업을 하는 것은 아니다. 긍정적인 음악에 수여하는 포지 어워드Posi Awards라는 상이 있다. 사실 나는 〈The Glad Game〉과 〈The Great Something〉도 후보작으로 올랐다고 생각한다. 요점은 이 세상에는 우리가 꿈을 향해 나아갈 수 있도록 정화해 주는 행복한 치유의 음악이 많다는 것이다.

기뻐할 일을 의식적으로 찾아야 하는 이유

많은 사람이 '폴리애나'를 모욕적인 말로 받아들인다는 것은 슬픈 이야기다. "당신은 폴리애나 같아"라는 말을 들으면 "당신은 단순해. 분명 고통이 존재하는데도 오직 기쁨만 바라보지. 현실에서는 눈먼 장님이나 마찬가지야"라는 말로 받아들이는 사람이 많다.

엘리너 포터는 이렇게 말했다.

"폴리애나는 세상의 고통스럽고 괴로운 현실을 무시한 게 아니었다. 폴리애나는 나쁜 일과 되돌리고 싶은 일들이 존재하지 않는다고도 말하지 않았다. 폴리애나는 이 세상에 좋은 면들이 있다고 말했다. 만약 당신이 시간을 들여 좋은 면들을 찾아낸다면 그것은 더욱 확장될 것이다."

세상을 바라보면 당연히 우리가 해결해야 하는 일들이 눈에 들어온다. 한때 나는 노숙자였고, 요즘도 대도시를 돌아다니면 어디서든 노숙자를 볼 수 있다. 노숙자라고 모두 길거리를 벗어나고 싶어 하지는 않지만 우리가 도움을 줄 수 있는 사람들이 충분히 존재한다.

현실적인 폴리애나의 관점에서 나는 "그래요. 거기에 진짜 문제가 있어요. 지금 벌어지는 좋은 일들에는 무엇이 있을까요? 변화를 만들려고 노력하는 선한 사람들이 있어요. 그럼 나는 어떤 좋은 일을 할 수 있을까요?"라고 말한다.

몇 년 전 나는 '오퍼레이션 예스(예스 작전)'라는 운동을 시작했다. 오퍼레이션 예스는 미국의 노숙자 문제를 해결하자는 운동이다. 나는 힘겨운 시간을 보내는 사람들을 위해 《예스 작전Operation Yes》라는 책도 썼다.

"이 세상에는 끔찍한 일들이 참 많아. 왜 무언가를 하려고 노력해야 하는 거야? 나는 그냥 나가떨어진 채로 내가 원하는 것들을 포기할래"라고 말하는 놀이를 할 수도 있다. 그러나 이것은 일종의 자기 훼방이며 일종의 탈출이다. 그리고 당신이 진심으로 원하는 결과를 향해 덤비지 않더라도 합리화해 줄 핑계를 만드는 것이다.

내 임무는 사람들이 인생에서 이루고 싶어 하는 성과를 손에 넣을 수 있도록 도구를 쥐여 주는 일이다. 폴리애나의 모든 구절은 무엇이 당신을 지지해 주는지 살펴볼 수 있게 돕는 간단한 도구다. 당신은 어디에서 벌써 성과를 얻고 있는가? 당신의 인생에서 이미 일어나고 있는 긍정적인 일은 어디에 있는가? 긍정적인 면에 집중할 때 당신은 더욱 긍정적인 사람이 된다. 자신의 장점에 집중하면 당신은 더 많은 장점을 얻는다. 이것이 세상을 살아가는 또 다른 방식이다.

배경 음악으로 깔리는 연주곡을 듣든 가사가 있는 음악을 듣든 그 음악이 당신에게 어떤 영향을 미치는지 인식해야 한다. TV, 음악, 사람들과의 대화, 그리고 당연히 당신 자신의 생각까지 모든 것이 당신에게 영향을 미친다. 내 노래 〈The Glad Game〉은 매 순간 좋은 것을 찾아야 한다는 리마인더다.

27

붐 업이 필요할 때,
힐링이 필요할 때

활력

어떤 이들은 이렇게 묻는다.

"그냥 귀가 즐거워지려고 음악을 듣는 것은 안 되나요? 멜로디만 좋아하지, 노래에 담긴 메시지까지 좋아하는 것은 아니라고 의식적으로 알고 있으면요?"

운동하러 헬스장에 갈 때, 이를테면 샤먼 하베스트가 "나는 위험한 사람"이라고 노래하는 음악을 듣는다고 하자. 당신은 그 노래를 전혀 좋아하지 않는다고 생각할지도 모르지만, 다른 한편으로는 이렇게 생각할 수도 있다.

나는 헬스장에 갈 거야. 쇠붙이를 꺾어 버릴 거야. 초인적으로 힘을 쓰는 근육 운동을 할 거야. 우위에 서야지. 나 혼자만의 비

밀이라 하더라도 적어도 앞으로 20분 동안 내가 위험한 사람이라는 마음가짐이 필요해.'

멜리사 에서리지가 있다. 나는 그녀와 함께 음악을 공부했다. 내 앨범 〈The Great Something(어떤 위대한 존재)〉의 제목은 멜리사와의 소통 과정에서 나왔다. 원래는 〈The Miracle〉이라고 지으려 했지만 멜리사가 너무 흔하다고 말했다.

"음, 저는 가끔 신이나 더 고귀한 힘을 가리켜 '어떤 위대한 존재'라고 불러요."

"진짜 흥미로운 게 거기 있었네요."

그녀는 말했다.

그래서 나는 〈The Great Something〉을 작곡했고 앨범에도 동일한 제목을 붙였다. 심지어 〈Melissa Said(멜리사 가라사대)〉라는 제목으로 그녀를 위한 노래도 수록했다.

언젠가 멜리사가 〈Monster〉라는 곡을 썼다. 매우 훌륭한 멜로디와 록 비트로 구성됐지만, 온통 괴물이 되는 내용에 관한 노래였다. 나는 괴물이 되고 싶지 않지만 헬스장에 갈 때면 분명 괴물이 되고 싶은 마음도 든다. 그렇다면 당신은 또 다른 자아가 적어도 운동하는 동안만이라도 슈퍼맨이 될 수 있게끔 능력을 부여하기 위해 어떤 노래에 귀를 기울일 것인가?

이쯤에서 당신은 이것이 당신에게 도움이 되는지 방해가 되는지를 알아낼 수 있는 내면의 판단력을 갖춰야 한다.

토니 로빈스는 무대에 오르기 전에 시끄럽고 요란한 록 음악을 연주한다. 그는 모두가 자리에서 벌떡 일어나 아드레날린을 마구 뿜어내기를 바란다. 에너지가 치솟기를 바라고 지붕이 날아갈 정도로 시끄럽기를 바란다. 그때부터 우리는 멜로디를 듣느라 메시지에는 그다지 귀를 기울이지 않는다.

따라서 음악이 당신에게 어떤 영향을 미치는지에 주의를 기울여야 한다. 나는 헬스장에서 운동을 할 때면 〈Monster〉나 〈I'm Dangerous(나는 위험한 사람)〉를 듣는다. 더 많은 에너지를 얻고 싶기 때문이다. 아니면 〈The Glad Game〉이나 내가 작곡한 〈There'll be days〉 같은 더 부드러운 노래를 들을 수도 있다.

퀸의 〈보헤미안 랩소디〉는 위대한 노래이자 영화지만, "중요한 건 사실 아무것도 없지"라는 누가 봐도 부정적인 가사로 끝난다. 이에 대해 더 깊이 생각해 보자. 그러니까 중요한 것은 사실 아무것도 없다. 나는 로마에 가서 모든 것이 끝나 버린 그곳의 폐허들을 봤다. 몇천 년이 흐르면 우리가 이룩한 것들도 모두 먼지가 되고 우리에 관해서는 아무런 기록도 남지 않으리라. 다른 행성에서 온 존재들은 아마 우리의 삶이 어땠는지 알아내려 애쓰겠지만 우리는 모두 이미 세상을 떠났을 것이다. 어떤 면에서 중요한 것은 정말 아무것도 없다.

몇십 년 전 자기 계발 과정을 밟을 때, 나는 중요한 것이 정말 아무것도 없는 경지에 이르러야 한다는 말을 들었다. 그 경지에 이르면 정말로 원하는 것을 마음껏 선택할 수 있기 때문이다. 당신은 자유롭게 이렇게 물을 수 있다.

"나는 내 삶에서 무엇을 이루고자 하는가?"

자유롭게 무엇이든 선택할 수 있다는 것은 매우 힘을 북돋아 주는 일이다. 반면 성과의 관점에서는 당신이 마음속에 품는 모든 생각이 중요하다고 말할 수도 있다. 그러므로 이 동전의 양면은 모두 진실이다.

음악에서 활력과 영감을 얻는 방법

나는 〈There'll Be Days〉라는 노래를 작곡하고 녹음했다. 스튜디오와 내 밴드에 참여하는 모든 사람은 이 노래가 뛰어나다고 했다. 진실한 지혜를 말해 주기 때문이다. 인생의 진리를 다시금 떠올리게 하는 것이 내가 힐링 음악에 정말로 바라는 것이다. 이 특정한 노래가 그 역할을 한다.

〈The Healing Song(치유의 노래)〉이라는 내 또 다른 노래는 자기 최면과 정화의 말들을 조합하기 위해 만들어졌다. 이 노래는 사람들이 원하는 것을 이루지 못하게 방해하는 골칫거리 같은 신념들을 깨끗이 정화할 수 있게 도와주는 치유의 샘이라는 비유가 나온다. 나는 "계속되는 문제가 있다는 것을 알아요"라고 말하는 잠재의식적·무의식적인 마음에 말을 건네기 위해 이 노래를 썼다. 그 후 치유의 샘에 발을 담그면 모든 부정적인 프로그래밍이 지워질 것이라는 은유를 이끌어 간다. 우리는 그래미상을 수상한 첼로 연주자 데이비드 달링을 고용해서 여기에 맞는 음악을 작곡하고 연주해 달라고 부탁했다.

내 힐링의 시인 이 노래는 잠재의식적인 마음에 직접 이야기하기 때문에 놀라울 정도로 강력하다. 실제로 여러 다양한 질병으로 고통받던 내 친구가 최근에 〈The Healing Song〉을 기억해 냈다. 노래를 듣기 시작하며 그녀는 심오한 신념의 경험을 떠나보낼 수 있었다. 친구는 건강을 회복하기 위해 노력 중이었다. 그리고 〈The Healing Song〉을 들으며 신체적으로 돌파구를 찾아 극복해 나가기 시작했다.

처음 작곡을 배울 때 노래는 기본적으로 세 가지 유형으로 나뉜다고 들었다.

유형1. "나는 사랑에 빠졌어요"라고 말하는 노래.
유형2. "나는 이별했어요"라고 말하는 노래.
유형3. "파티를 열고 놀아 보자"라고 말하는 노래.

나는 사랑에 빠지고, 파티를 하고, 인생을 즐기는 내용이 우리가 듣고 싶은 이야기와 일치한다고 생각한다.

탐색을 시작하자.

운전할 때마다 위성 라디오를 듣는 나는 내가 좋아하는 유형의

채널로 바로 건너뛴다. 가끔은 재즈 음악을 듣고 싶어지기도 한다. 색소폰을 조금 불 줄 알기 때문에 색소폰이 어떤 소리를 내는지 듣고 싶어 재즈 음악에 귀를 기울이고 싶어진다. 가끔 대중음악을 듣기도 한다. 긍정적인 메시지로 내게 울림을 줄 새로운 아티스트들을 찾고 있다.

28

무한한 공간 너머의
자아를 향해

치유

또 하나의 생각이 머릿속에 떠오른다. 당신만의 음악을 만들어 내기 위해서는 마음을 열어야 한다. 즉흥적인 음악 치료를 거부감 없이 받아들이자. 내가 이탈리아에서 살았을 때 한 친구는 악기를 연주하고 싶다고 말했다. 그는 피아노를 몇 번 쳐 보려 했지만 그다지 성공적이지 않았다. 나는 악기점에 갔다가 하모니카를 보고 생각했다.

'아하. 하모니카는 미니 피아노 같아. 저 열 개의 구멍은 열 개의 건반이나 마찬가지야.'

그래서 친구에게 하모니카를 선물했다. 그는 몇 개의 음을 불어 보더니 정말 마음에 든다고 말했다. 당신도 하모니카만 있으면 음악을 꽤 쉽게 만들 수 있다. 어떻게 소리를 내고 어떻게 음을 끌고 나가는지만 배우면 어느새 당신은 하모니카로 음악을 만들어 낼 것이다.

우쿨렐레라는 악기도 있다. 낮은 음계의 코드로 연주할 수 있는 아주 재미있는 악기다. 코드를 많이 배울 필요도 없다. 그저 한두 개만 알아도 충분하다. 사실 아예 배우지 않아도 우쿨렐레로 즐거운 시간을 보낼 수 있다.

"언제든 밴조를 집어 들면 웃음이 터져 나오고 미소를 짓게 된다. 밴조에는 당신을 미소 짓게 하는 알 수 없는 매력이 있다"라고 말한 사람이 코미디언 스티브 마틴이었던가? 그의 말에 핵심이 담겨 있다.

당신을 행복하게 할 만한 악기를 생각해 보자. 그 악기를 숙달할 필요는 없다. 그저 당신이 치유될 수 있도록 즉흥적인 방식으로 연주하자. 이 연주는 원치 않는 신념을 없애기 위해 당신의 주의를 흩트리거나 마음을 프로그래밍하는 능력을 당신에게 부여할 수 있다.

과학적인 연구에 따르면, 당신이 의식적인 마음을 사용하고 있을 때 잠재의식적인 마음은 쟁점을 해결하고 문제들을 풀며 돌파구를 마련할 기회를 얻는다. 당신이 의식적 마음을 다른 곳으로 돌리고 있기 때문에 빙산의 밑동이 실력을 발휘할 수 있는 것이다. 악기 연주는 의식적 마음을 흩트리는 한 가지 방법이다.

당신의 성과를 끌어올리는 음악은?

반드시 가사가 있는 음악을 들을 필요는 없다. 연주 음악은 창의성을 발휘하거나 문제를 해결할 때, 긴장을 풀거나 잠을 청할 때 훨씬 더 유용하다. 실제로 나는 블로그를 쓰거나 책을 집필할 때 가사 있는 음악은 듣지 않는다. 연주 음악이 머리를 식혀 주므로 나는 연주 음악을 들을 것이다.

내가 발표한 15장의 앨범 가운데 여섯 장은 싱어송라이터로서 만든 것이기 때문에 가사가 있지만, 나머지 앨범은 모두 연주 음악이다. 나는 기타의 구도자 매슈 딕슨과 함께 연주 앨범을 만들고 기타를 연주했다. 가끔은 색소폰을 불기도 했다. 내부 전자 장치로 강화된 알토 색소폰이었다. 이 색소폰으로는 거의 모든 소리를 낼 수 있다.

우리는 심지어 다른 주파수로도 연주곡을 창작했다. 그중 하나는 〈432 to 0(432에서 0으로)〉다. 모든 음악은 432 주파수에 맞춰져 있다. 일부 과학에 따르면 이 주파수는 우리에게 좀 더 자연스럽고 느긋한 상태라고 한다. 말하자면 우리를 우주나 행성의 기운에 맞춰 준다. 이런 음악에 귀를 기울일 때 당신은 더 빨리 느긋해지고, 더 훌륭하게 창작하며, 더 쉽게 문제를 해결한다. 가사가 있는 음악보다 주의를 덜 빼앗긴다.

수많은 연구가 클래식은 매우 강력한 힘을 가졌다고 말한다. 일부 연구는 신생아가 주로 배경 음악으로 깔리는 클래식을 들었을 때 뇌가 더 빠르게 발달했음을 보여 준다.

다시 한 번 당신이 원하는 성과가 무엇인지에 집중하자. 글을 쓰고 있다면 나는 연주 음악을 들을 것이다. 헬스장에 가거나 산책이나 드라이브를 가고 싶다면 그 행동에 적절한 음악을 고를 것이다.

아침에는 당신이 어떤 기분이고 싶은지 살펴보자. 그것이 오늘의 멜로디가 된다. 어느 날 아침, 나는 언젠가 태국에서 돌아오는 비행기에서 들었던 노래를 다시 들었다. 〈Strange People〉이라는 제목의 그 노래는 업비트에 속도가 빨라 록 느낌이 났다. 나는 조금 낄낄대며 웃었다. 이 노래 덕에 내 기분이 조금 달라졌다. 막 잠에서 깨 아직 커피도 마시기 전이었다. 나는 이 노래에 빠졌고 에너지가 솟구쳤다. 기분이 좋아지기 시작했고 마음이 좀 더 정돈된 느낌이었다. 오늘 하루에 임할 준비가 된 나는 킥킥대며 이렇게 생각했다.

'매일 아침 이 노래를 들어야겠는데.'

또 다른 하루의 끝에 나는 잠들기 전에 록 음악은 듣고 싶지 않다. 클래식이나 연주 음악처럼 느긋한 음악을 듣고 싶다. 심지어는 핑크 노이즈를 듣고 싶다. 핑크 노이즈는 선풍기가 돌아가는 소리나 물방울이 지붕을 따라 똑똑 떨어지는 소리 같은 배경 소음을 의미한다. 이 모든 것은 하나의 결과, 즉 긴장의 완화를 얻기 위한 시도다.

요약하자면 당신이 원하는 성과를 얻는 데에 도움이 되는 음악을 찾아보자. 그리고 지금 듣자. 아침에 듣자. 무엇을 듣고 싶은가? 당신에게 어떤 음악이 효과적일지 찾아보고 듣기 시작하자. 힐링 음악은 당신의 무한한 자아에 접근할 수 있는 가장 재미있고 편안한 방식 중 하나다.

꿈을 현실로 바꾸는
생각 혁명

- 새로운 분야에 도전하기가 두렵다면 당신이 할 수 있는 것과 하려는 것을 섞어라.

- 음악이 당신의 몸과 마음에 어떤 영향을 끼치는지 항상 인식하라. 우울한 가사는 당신에게 결핍과 한계를 주입하고, 성과가 있는 방향으로 당신을 이끌지 않는다.

- 세상의 모든 일에는 좋은 면이 있다. 시간이 흐른 뒤 고통스러웠던 사건에서 유머를 발견할 수 있다면, 그 당시에도 유머는 있었다.

- 긍정적인 면에 집중할 때 더욱 긍정적인 사람이 된다. 장점에 집중할 때 더 많은 장점을 얻는다. 기쁨 놀이는 당신에게 더 큰 가능성과 선택의 자유를 가져다준다.

- 당신을 행복하게 하는 악기를 연주하라. 악기 연주로 의식적인 마음이 흐트러질 때 잠재의식이 문제를 해결하고 돌파할 기회를 얻는다.

- 당신의 성과에 도움이 되는 음악을 찾아라.

YOUR
UNLIMITED
SELF

7장

어떻게 더 빨리,
더 높이, 더 멀리
갈 수 있을까?

원동력을 얻는 법

멘토 없이 성공하는 경우는 거의 없다.
내게는 그리스 역사 속 플라톤부터 소크라테스, 아리스토텔레스,
알렉산더 대왕까지 이어지는 44명의 멘토가 있었다.

마크 빅터 한센(작가)

29

때로는 나보다 나를 더
믿어 주는 사람들이 있다

조언

모든 것을 혼자 해낼 수는 없다. 당신은 능력을 한껏 발휘해야 하고 자신이 무엇을 왜 하고 있는지에 대해 더 많이 배워야 한다. 그리고 신념의 둥지에서 벗어나야 한다. 우리는 신념이 이끄는 우주에서 살지만 우리의 신념이 무엇인지는 잘 알지 못한다. 신념들이 현실이라고 생각하기 때문이다. 우리는 주변을 둘러보며 이렇게 생각한다.

'거기까지야. 그게 내 한계야.'

코치와 멘토를 만나거나 다른 사람들과 관계를 맺는다면 당신은 다른 가능성을 볼 수 있다. 자신이 갖고 있는지도 몰랐던 신념에 의문을 품을 수 있다. 존재하는지도 몰랐던 한계들을 해치울 수 있다. 당신에게는 당신의 한계를 확인하고 그로부터 벗어나게 해 줄 코치나 멘토가 필요하다.

사람들은 잘 모르지만 멘토링, 코칭, 마스터마인드는 성과를 가져다주는, 값을 매길 수 없을 만큼 강력하고 소중한 비밀이다. 이 중 마스터마인드는 나폴레온 힐이 《생각하라 그리고 부자가 되어라》에서 만든 용어다. 나폴레온 힐은 이를 "두 명 혹은 그 이상의 사람들이 조화의 정신을 따라 지식과 노력을 조합하는 것"이라고 정의했다. 내가 성장기를 보냈던 1950년대에 코치라고는 오직 축구 코치와 TV에 나오는 코치뿐이었다. 당시 내 주변에 자기 계발 코치가 있었으리라 생각하지 않지만, 있었다 하더라도 분명 그에 대한 이야기를 듣지 못했을 것이다.

몇십 년이 흐른 지금은 자기를 코치나 멘토라고 칭하거나 마스터마인드 모임을 만드는 사람이 많다. 이 모든 것이 가치 있다. 성공으로 향하는 한 가지 비결은 당신보다 더 당신을 믿어 주는 사람들을 곁에 많이 두는 것이다.

인생을 살면서 나는 내가 스스로에게서 보지 못한 점들을 내게서 찾아내는 사람들을 우연히 만났다. 대부분은 공시성 덕이었다. 이들은 가능성을 보고 도움을 준 것이기에 내가 그 단어의 의미조차 모를 때 코치와 멘토가 돼 줬다.

16세에게 전설적인 마술사가 보낸 편지

열여섯 살 때 나는 작가가 되고 싶은지, 마술사가 되고 싶은지, 아니면 다른 것이 되고 싶은지 파악하느라 힘든 시간을 보내고 있었다. 당시 우리에게 해리 후디니라는 이름으로 알려진 존 멀홀랜드라는 유명한 마술사가 있었다. 그때 후디니는 나이가 꽤 들었지만 여전히 마술사라는 본업을 놓지 않았다. 그는 몇 권의 책을 썼고 여러 마술 잡지도 편집했다. 후디니는 몹시 유명하고 무척 존경받는 사람이었다.

나는 뜬금없이 그에게 편지를 썼다. 아마 1970년의 일이었던 것 같다. 나는 내 스미스 코로나 전자 타자기로 그에게 편지를 써 내가 알고 있던 뉴욕의 주소로 보냈다. 나는 그에게 이렇게 썼다. "저는 열여섯 살이에요. 저는 이런 문제들로 힘겨워하고 있어요. 제게 해 주실 조언이 있나요?"

나는 후디니가 써 준 두 장짜리 편지를 여전히 갖고 있다. 이 편지는 잡지 〈매직〉에도 수록됐다. 역사적인 자료이기 때문이다. 그는 내 질문에 모두 답했다. 후디니는 마술사가 되라고 짚어 주면서, 내가 마술사가 되면 과학과 연기, 화술, 기업가 정신 등 많은 것을 배우게 되리라고 했다. 또한 마술사가 되면 일자리를 얻거나 독립적인 사업가가 되고, 예약을 받고 공연을 하며, 경쟁에 대처하는 등 다양한 어려움도 겪을 것이라 말했다.

순수한 코칭이자 순수한 멘토링이었다. 그의 조언은 내가 질문을 다양한 각도에서 바라볼 수 있게 도와줬다. 내게는 값을 매길 수 없는 소중한 조언이었다. 그저 평범한 열여섯 살 소년이었던 나는 한 전설적인 마술사에게 편지를 썼고, 그 마술사는 내게 두 장에 달하는 조언을 담아 답장을 보냈다.

30

지금의 나를 만들어 준
내 인생의 안내자

멘토

내가 여전히 고군분투하고 있었을 때로 돌아가 보자. 나는 노숙 생활에서 벗어났지만 여전히 가난했다. 그러던 중 우연히 한 남자를 만났다. 아마 어느 파티에서였던 것 같다. 그는 내게서 무언가를 보고는 이렇게 말했다.

"저는 코치예요. 당신에게 코칭 시간을 내주고 싶어요."

"제게 내 준다고요?"

"시범 수업을 해 주고 싶어요. 제가 뭘 하는지 당신이 감을 잡았으면 좋겠어요. 그리고 그게 마음에 들어 서로 연이 닿는다면 우리는 장기적으로 코칭을 할 수 있을 거예요."

첫 번째 시간에 나는 매우 긴장되고 불안했다. 나는 코칭이 무엇인지도 몰랐고 그가 누구인지도 몰랐다. 우리는 목표에 관해 이야기했다. 나는 내 삶에서 어떤 성과를 얻고 싶어 하는가? 그 당시에도 나는 여전히 힘겹게 노력하는 작가였다. 나는 책을 내고 싶었다. 이미 1984년에 책을 출간했지만, 그 책은 바람과 함께 사라졌다. 책이 나온 순간을 자축했지만 그 순간이 급히 왔다 가 버렸기 때문에 실망했다. 그러나 여전히 작가가 되고 싶었다.

나는 돈 때문에 힘겹게 살았다. 한 칸짜리 방에 살면서 고물 차를 끄느라 200달러를 내야 했다. 자동차가 고장 나면서 내 인생도 고장 났다. 내 인생에는 아무런 희망도 없었고 빛도 들지 않았다. 나는 기쁨 놀이도 할 수 없었다. 별로 그러고 싶지도 않았다. 나는 어떻게 해야 좋은 것을 찾을 수 있을지 알지 못했다.

코치는 내가 전혀 생각지도 못한 부분을 짚었다. 나는 글로만 돈을 벌려고 애쓰고 있었다. 그는 말했다.

"수입은 커다란 원이에요. 수많은 통로에서 돈이 들어올 수 있어요."

나는 오직 글쓰기라는 하나의 통로를 통해서만 돈이 들어오기를 바라고 있었다. 처음 그가 이 이야기를 꺼냈을 때 나는 이렇게 생각했다.

'그래, 글쓰기라는 통로…. 그게 내가 가진 유일한 통로야. 내 유일한 수입의 통로지. 나는 작가니까.'

그는 마음을 크게 열고 다른 기회가 있는지 보라고 코칭했다.

물론 어떤 다른 기회가 있는지 그 순간 바로 이름을 댈 수는 없었
다. 그와 처음 진행한 수업이었고 새로운 기회를 처음 맛본 순간
이었기 때문이다.

내가 보지 못한 것을 보여 준 사람

코칭을 받으면서 나는 내 과거의 프로그래밍이 그저 부정적이
지만은 않지만, 내가 가능성을 발견하지 못하게끔 한계를 만들었
다는 사실을 알게 됐다. 그것은 내가 돈을 벌 수 있는 하나의 통로
만을 보게 했다. 나는 그를 통해 다른 통로들이 있다는 사실을 깨
달았다. 아직 이름을 댈 수는 없었지만 통로는 존재했고, 그곳에
는 기회의 창과 탈출구도 있었다. 이것이 바로 코칭의 힘이다.

그 코치와 수업을 진행하면서 나는 '누릴 자격'에 관한 내 신념
들을 보기 시작했다. 내 안의 일부가 진심으로 성공하고 싶어 하
지 않는다는 사실을 알게 됐다. 성공할 자격이 없다고 생각했기
때문이었다. 노숙자로 살면서 자존감이 0으로 수렴했다는 사실
을 깨달았다. 나는 1979년에 결혼을 했다. 나는 외로웠고 상대도
외로웠기 때문이다. 우리는 외로움의 문제를 해결했지만 빈곤의
문제는 해결하지 못했다. 끔찍이도 힘겨운 시간을 보내면서 나는
수치스러웠다. 내가 받은 가정 교육에 따르면 나는 소득의 원천
이자 영웅이어야 했지만 나는 부양을 할 수가 없었다. 우리는 둘
다 엎어져 버렸다.

코칭을 통해 나는 제한의 신념, 자신에게 가치가 없다는 느낌, 내 삶과 행복에 대한 감사함의 결여 등 문제점을 인식하게 됐다. 또한 그동안 나는 자신을 벌하며 "내가 성공할 정도로 잘하지 않으면 그에 대한 벌로 계속 비참함에 파묻혀 살게 될 거야"라고 말하기도 했다.

나는 코칭 덕에 이 모든 것을 인식할 수 있었다. 인식을 하자 내가 감사해야 할 것들을 볼 수 있었다. 또 중요한 것은 스스로를 사랑하고 감사하는 법을 배우며 당신이 하는 일과 과거의 경험과 강점의 목록을 정리하는 것이다. 이 모든 것이 자신감의 근육을 만드는 과정이다. 내게는 이 모든 것이 필요했고 코치의 지도를 받으며 해냈다. 내 손을 잡아 주는 누군가가 있었다.

당신조차 스스로를 믿지 못할 때 누군가가 당신을 믿어 준다면 당신의 자존감은 솟아난다. 당신의 내면에서 "이 사람이 나를 믿어 주니까 무언가를 해내야겠어"라는 소리와 함께 무언가가 꿈틀거린다.

자신의 제한의 신념이 무엇인지 깨닫기 시작했다면 선택을 내릴 수 있는 시점에 도달한 것이다. 나는 계속 비참함에 파묻혀 있고 싶은가? 아니다. 나는 그저 부를 향한 단 하나의 통로만 계속 바라보고 있을 것인가? 아니다. 나는 다른 통로에 무엇이 있는지 궁금하다.

코칭으로 마음을 확장하면 더 큰 깨달음과 새로운 도구를 얻게

된다. 소소하지만 경이로운 기적들이 풍성하게 벌어지고 상황은
점점 더 좋아진다.

31

앞서 성공한 사람에게
손을 뻗어라

코칭

나는 코칭이 내가 성공할 수 있었던 이유라고 맹세할 수 있다. 물론 나는 일을 해야만 한다. 책을 쓰고, 음악을 녹음하고, 여행을 위해 비행기에 올라야 했다. 그 모든 일을 해야 했지만 내가 한계를 뚫고 넘어서서 원하는 성과를 얻을 수 있게 한 것은 바로 코칭이었다. 나는 지금도 여전히 코칭을 활용한다. 새로운 것을 하려 할 때마다 한계에 부딪히기 때문이다. 어떤 능력이 있는 코치를 만나야 할까?

1. 당신이 원하는 성과를 이미 손에 넣은 코치를 찾아라

스스로 그 성과를 얻었거나 다른 사람들이 그 성과를 얻도록 도

와준 경험이 있어야 한다. 그럼 이미 이 성과들을 얻었다는 경력이 증명되는 셈이다. 나는 노래하는 법을 배울 때 다른 가수들을 가르쳐 본 경험이 있는 발성 코치에게 가고 싶다.

2. 코치에게 배운 학생들을 살펴보라

결실을 보면 그 사람을 알 수 있다. 전에 누가 이 코치를 고용했는가? 그 사람들의 추천과 보증을 들어 보자. 원한다면 코치의 다른 고객들을 만나 이야기를 나누자. 그리고 코치와 어떤 경험을 했는지 알아내자.

3. 이들의 자격증을 확인하라

이 세상에는 뜨내기 코치가 너무 많다. 수많은 광고가 "이틀 안에 라이프 코치가 되는 법을 배우세요"라고 말한다. 나는 그런 훈련을 받은 사람이 내 라이프 코치가 되기를 원치 않는다. 내게 진정으로 가치 있는 기술이나 경력이 그들에게 있을 리 만무하다고 생각하기 때문이다.

요컨대 당신이 이루고 싶은 성과를 먼저 이룬 사람을 찾아보자. 어떤 추천의 보증을 받고 어떤 자격증을 갖췄는가? 어디서 훈련을 받았는가? 그 사람의 웹 사이트를 자세히 공부하고 어떤 느낌이 드는지 주의를 기울여 보자. 그다음 단계는 그 사람과 이야기를 하거나, 무료 상담이 가능한 경우 직접 찾아가 보는 것이다.

내 안에서 답을 찾을 수 없을 때

여기 예시가 하나 있다. 최근에 나는 부친상을 겪고 고통과 비통함, 죄책감을 경험하고 있었다. 물론 이 책에서 설명한 기술들을 활용했지만 어느 순간 한계에 다다르고 말았다. 한계에 부딪혔을 때는 손을 번쩍 들고 이렇게 말할 수 있다.

"도움이 필요해요. 코치가 필요해요. 멘토가 필요해요."

나는 도움을 받고 싶은 사람이 누구인지 생각하기 시작했다. 당시 나는 박사 프레드릭 마우가 쓴 책을 몇 권 읽고 있었다. 매우 감명 깊은 책들이었다. 나는 그가 기반으로 삼고 있는 것들이 좋았다. 최면과 자기 최면에 관해 언급한 그는 10년간 크고 작은 문제들을 해결한 경력이 있었다. 학대당한 사람, 이혼과 고뇌 등으로 문제를 겪은 사람들과 함께 일했다. 그의 자료들을 들여다볼수록 함께하고 싶다는 생각이 커졌다.

나는 그의 웹 사이트를 살폈다. 내용들이 마음에 들었다. 그러다가 '무료 상담'이라고 적힌 부분에 눈길이 갔다. 나는 신청서를 썼다.

다음 날 마우 박사가 답장을 보냈다.

"안녕하세요, 조. 어떻게 도와주면 될까요?"

나는 내가 어떤 문제를 겪고 있는지 간략하게 설명한 답장을 보냈다. 그는 이렇게 답변했다.

"첫 번째 수업은 무료니까 제가 어떤 사람인지 파악할 수 있을 거예요. 알고 싶은 것은 모두 질문해도 됩니다."

나는 큰 확신을 품고 이렇게 답장했다.

"무료 체험은 필요 없어요. 저는 준비가 됐어요. 그냥 예약을 잡을게요."

나는 마우 박사와 통화를 했고, 우리는 수업을 진행했다. 처음 20분 동안 마우 박사는 내가 아버지에게 가진 애통한 슬픔에 대해 탐색했다. 그때 내게 내려 준 몇 가지 답은 여전히 내게 힘이 된다. 그 후 20분간 그는 내게 최면을 걸었다. 그는 내게 음성 녹음을 보내 줬고, 나는 지금도 그 음성을 들으며 긴장을 풀고 그가 내게 준 메시지를 되새길 수 있다.

이 모든 이야기는 당신이 고용하고 싶은 멘토나 코치를 어떻게 찾을 수 있는지 설명해 준다. 나는 내가 알고 있는 모든 정화의 기술과 함께 나를 해방시켜 줄 성과를 원했다. 물론 그 기술 가운데 하나가 코치를 찾는 것이기 때문에 나는 그 기술이 당장 필요함을 깨달았다. 그러다가 이렇게 생각했다.

'누구를 찾지? 음, 이 사람이 쓴 책을 몇 권 읽어 봐야겠군.'

책은 신뢰성을 안겨 주고 권위를 부여한다. 그러다 보니 마우 박사가 내가 찾던 사람이라는 생각으로 마음이 움직였다. 그러다 가 나는 그의 웹 사이트를 살펴봤고 그가 전에 어떤 사람과 일을 했는지 봤다. 그의 자격증과 경력을 봤다. 그 후 내가 그와 무료로 대화를 나눌 수 있다는 사실을 알게 됐다.

이 사례는 마우 박사가 아니더라도 당신이 궁금한 코치라면 누구든 함께 무슨 일을 할 수 있는지 보여 준다.

32

세상에서 가장 인간적인
투자 이야기

자기 투자

혹자는 전문적인 코치에게 돈을 지불해야 하는지, 친구나 가족이나 동료가 대신 코치 역할을 해 줄 수 있는지 궁금해한다.

여기서 대놓고 쓴소리를 해야겠다. 당신에게는 돈이 있다. 그리고 그 돈을 특정한 곳에 쓰려고 선택 중이다. 당신은 월세와 전기세를 내야 할 것이다. 그러나 그냥 낭비하는 돈, 그저 쇼핑에나 쓰는 돈도 있을 것이다. 코칭과 멘토링은 당신의 인생과 커리어에서 소중한 투자가 될 것이다.

5,000달러가 가져다준 200만 달러와 명예

내가 좋아하는 이야기 중 하나는 젠 신체로에 관한 것이다. 젠 신체로는 힘겹게 살고 있었고 파산까지 했다. 그녀에게 확실한 것은 아무것도 없었다. 코칭에 관해 알게 된 그녀는 코치에게 전화를 걸어 자신의 이야기를 털어놨다. 그리고 코치는 이렇게 말했다.

"저를 당신의 코치로 고용하세요. 그럼 훈련시켜 드릴게요."

코치는 5,000달러를 요구했다. 젠은 덜컥 겁에 질렸다. 젠은 돈도 없고 수입도 없었지만 그 돈을 결제했다. 밤새 잠도 못 이루고 뒤척이다가 결국 일을 진행하기로 결정하고 신용 카드를 긁었다. 그 후 그녀는 겁에 질려 화장실로 달려가 구토를 했다.

"말도 안 되는 돈이야. 이걸 어떻게 메꾸지? 내 인생에서 가장 바보 같은 실수야. 그 사람이 누구인지도 모르는데 투자하다니. 어떤 결과를 얻게 될지도 모른다고. 확실한 건 5,000달러가 없다는 것뿐이야."

젠은 코치에게 전화를 걸어 돈을 돌려 달라고 부탁했지만 코치는 이렇게 말했다.

"저는 돈을 돌려주지 않을 거예요. 당신이 겪는 일이 제 과정의 일부예요. 계속 버티세요."

젠은 그 말대로 했다. 오늘날 젠 신체로는 〈뉴욕타임스〉 베스트셀러에 오른 세 권의 책을 쓴 작가다. 첫 번째 책은 《사는 게 귀찮다고 죽을 수는 없잖아요?You are a Badass》다. 나는 이 책을 서점에서 발견해 읽고는 생각했다.

'와, 정말 환상적인 책이군.'

나는 젠에게 연락해 인터뷰를 요청했다. 책에 얽힌 비화를 들을 수 있었다. 젠이 오스틴에 방문했을 때는 함께 점심을 먹으며 두 번째 책에 관해 들었다. 《나는 돈에 미쳤다You are a Badass at Making Money》라는 제목의 책이었다. 이 말은 젠이 코칭을 받으면서 내면의 보석을 찾아낸 데에서 비롯됐다. 코칭 덕에 그녀는 무슨 일이 벌어질지 모르는 상황으로 한 발 내디뎌 책을 쓸 자신감을 얻었다. 그녀는 자기 책들이 베스트셀러가 되리라고 생각하지 못했다. 두 번째 책을 쓰면서 그녀는 200만 달러의 선인세를 받았다.

두 번째 책에도 재미있는 비화가 있다. 그녀는 책을 출간하기 위해 제안서를 쓴 뒤 친구와 자전거를 타러 해외여행을 떠났다. 이때 책을 내고 싶은 출판사가 나타나 100만 달러를 주겠다고 연락했지만 젠은 자전거를 타느라 연락을 받지 못했다. 뒤늦게 출간 제안을 확인했을 무렵 출판사는 "우리가 제시한 돈으로는 부족한가 보다" 하고 비상에 걸려 있었다. 계약금은 두 배로 올라 젠이 이야기를 들을 때쯤 200만 달러가 됐다. 이 모든 것이 신용 카드로 5,000달러를 쓰는 바람에 주저앉았던 한 여성에게 벌어진 일이다.

돈을 쓰자. 그래야 변화하겠다는 의지를 내보일 수 있다. 능력도 없는 친구에게 가서는 안 된다. 당신에게 돈을 받지 않을 사람에게 가서도 안 된다. 코치는 시간, 에너지, 전문 지식을 제공하기

때문이다. 당신이 얻는 것에 돈을 지불해야 한다. 돈을 지불하면
당신의 몸과 마음에 더 열심히 하라고 말할 수 있고, 길게 보자면
결국 참여할 수 있다. 당신은 이 성과를 너무 간절히 바라기 때문
에 돈을 내놓는 것이다.

33

길을 모르면
물어서 가라

도움

치료사와 코치의 차이는 무엇일까? 보통 코치를 찾을 때 우리는 구체적이고 명백하며 겉으로 드러나는 성과를 원한다. 내가 느낀 비애를 다루는 일은 아마도 심리 상담의 범주에 더 가까울 수도 있다. 마우 박사는 치료사이자 최면술사였기에 나는 올바른 결정을 내린 셈이었다.

또 다른 사례를 살펴보자. 몇 년 전 나는 2만 명이 모이는 페루 리마의 큰 행사에서 연설해 달라는 요청을 받았다. 나는 록 밴드 키스가 일주일 전에 공연했던 무대에 오를 예정이었고, 따라서 이것이 어마어마한 행사임을 알 수 있었다. 또한 내가 짧게나마 스페인어를 한다면 정말로 그 관중들을 사로잡을 수 있으리라는 것도 알 수 있었다.

나는 내게 스페인어를 가르칠 코치를 고용했다. 이를 위해서는 내 제한의 신념을 되돌아봐야만 했다. 고등학교에 다닐 때 스페인어를 배웠던 나는 당시 불안하고 과묵하며 수줍음이 많아 스페인어에는 소질이 없다고 생각했다. 몇십 년 후에도 여전히 같은 신념을 갖고 있었다. 내게는 구체적인 성과를 내 줄 코치가 필요했다. 그러나 이 특정한 성과를 위해 상담사나 치료사에게 가지는 않았다. 반면 슬픔을 해결하기 위해 임상 심리사를 만나는 것은 적절할 것이다. 요컨대 이렇게 물어야 한다.

"나는 어떤 성과를 원하는가?"

새로운 인간관계를 맺고 싶지만 어린 시절의 심각한 학대 경험 때문에 힘겹다면, 당신에게는 전통적인 코치보다는 정신과 의사나 임상 심리사가 더 도움 될 것이다. 사업을 키우려고 모색 중인가? 그 경우에는 아마도 임상 심리사가 필요치 않을 것이다. 사업의 성과를 위해 당신이 발전할 수 있게끔 도와줄 사람을 찾는 일이 관건이다. 그러나 비극에서 비롯된 질병을 앓는다면 심리적 또는 정신과적 도움이 필요할 수 있다. 잘못된 부분이 있어서가 아니다. 그저 다른 종류의 코칭이기 때문이다.

걱정은 반으로 줄이고 기대는 배로 늘리는 방법

코칭과 관련해 나는 당신이 해야 할 일들을 다음과 같이 하나하나 추천해 주려고 한다.

1. 무엇을 이루고 싶은지 생각하라

당신이 원하는 성과는 무엇인가? 일단 글로 써 보자.

2. 누구에게 도움을 받을 수 있는지 찾아보라

그 성과를 얻도록 누가 당신을 도와줄 수 있는가? 구글에 검색해 보자. 당신이 무엇을 원하는지에 따라 상담사나 멘토 혹은 코치를 찾아볼 수 있다. 내가 운영하는 코칭 회사의 이름은 '미라클 코칭 Mirachles Coaching'이다. 우리 웹 사이트를 한번 살펴보고 신청서를 작성하시라. 전화가 한 통 걸려 올 것이다. 그럼 당신에게 딱 맞을지 알 수 있다.

3. 이력을 살펴보라

미라클 코칭을 통해서든 구글 검색을 통해서든 일단 잘 맞는 사람을 찾았다면 이 사람의 약력을 보자. 어디서 교육을 받았는가? 전문 분야는 무엇인가?

4. 추천의 글을 살펴보라

이 사람은 얼마나 오랫동안 이 일을 했는가? 어떤 사례 연구를 당신에게 보여 줄 수 있는가? 무엇이든 글을 쓴 적 있는가? 블로

그가 있는가? 책을 냈는가?

5. 실제로 만나서 면담하라
적절한 코치를 찾기 위해서 면접을 하는 것이다.

6. 한 명을 선택하라
젠 신체로처럼 돈을 지불하고 직접 행동으로 옮기라는 의미다.

그리고 나서 기적을 기대해 보자. 당신이 이 책을 읽으면서 갖추길 바라는 마음가짐이 바로 이런 것이다. 당신의 무한한 자아 안에 존재하는 막대한 잠재력을 탐색하고 끄집어내기 위해 코치나 멘토로부터 자극을 받자.

- 스스로를 믿지 못할 때 누군가가 당신을 믿어 준다는 것을 떠올려라. 당신의 자존감이 올라가기 시작할 것이다.

- 내 안에서 답을 찾을 수 없을 때는 타인의 도움을 받아라. 코칭으로 마음이 확장될 때 기회의 통로도 함께 확장된다.

- 자신감은 근육과 같다. 자신의 강점을 알고 매사에 감사할 줄 알며 스스로를 사랑할 때 단단해진다. 코치와 멘토는 자신감의 근육을 키워 성과에 도달하게 하는 페이스메이커다.

- 변화가 필요하다면 기꺼이 돈을 지불하라. 정당한 값을 지불하는 것은 당신의 노력에 추진력과 지구력을 더하는 방법이다.

- 유능한 코치를 찾는 방법
  1) 당신이 원하는 성과를 이미 손에 넣은 코치를 찾아라.
  2) 코치에게 배운 학생들을 살펴보라.
  3) 이들의 자격증을 확인하라.

**YOUR
UNLIMITED
SELF**

8장

어떻게
긍정 에너지를
키울 수 있을까?

불안에서 벗어나는 법

두려운 생각이 마음의 문을 두드리거나
근심과 불안과 의심이 마음을 혼란시키거든
당신의 목표를 바라보라.

조셉 머피(작가)

34

막힌 에너지를
풀어 주는 두드림

태핑

나는 태핑Tapping을 몇십 년간 실행했다. 내가 처음 태핑을 배운 것은 로저 캘러핸으로부터였다. 몇십 년 전 TFT Thought Field Therapy(사고장요법)는 온갖 방송에 등장했다. TFT의 창시자 로저 캘러핸은 유명한 TV 프로그램들을 진행했다. 사다리에 오르는 것을 겁내는 사람들에게 TFT를 실시하고 5분이 흐르면 그들은 사다리를 올랐다. 거미를 무서워하는 사람들을 초대해 TFT를 실시하면 5분이 지나 그들은 거미와 함께 놀았다.

당시 나는 강연자로서 무대에 오르고 싶지 않았다. 무대 공포증으로 고통받았기 때문이었다. 어렸을 때부터 수줍음이 많았던데다가 내향적이고 자신감이 없었다. 그러다가 TFT에 대해 알게 됐다. 항공사 잡지에 "남들 앞에서 말하는 게 두려우세요? 5분 안에 해결해드립니다"라고 쓰인 광고를 본 것이다. 나는 생각했다.

'잠깐, 5분 안에 해결해 준다는 게 말이 되나? 내가 평생 앓았던 문제인데?'

5,000년간 내려온 심리 치유법

태핑은 일종의 심리적인 침술이다. 즉 기의 흐름을 막는 장애물을 없애기 위해 몸의 특정 지점을 톡톡 두드려 주는 것이다. 침술의 역사는 적어도 5,000년에 이른다. 나는 몸이 아플 때 침을 맞으면 언제나 고통이 해결됐다. 침술은 언제나 내 인생에 변화를 만들어 냈다.

전통적인 침술은 바늘이 피부 너머의 특정 부위에 이르도록 찔러 넣어서 기의 흐름을 막는 장애물을 없앤다. 이론상 장애물을 없애면 기는 몸 전체로 흐른다. 가로막혔던 부분이 뻥 뚫리면서 기분이 나아지는 것이다. 심리적 침술은 바늘로 혈점을 찌르는 대신 손가락으로 그 지점을 누른다.

내게 처음 TFT를 알려 준 로저 캘러핸은 세상을 떠났지만 여전히 그의 아내가 TFT를 가르친다. 오늘날 사람들은 수많은 방식으로 이 기법을 사용하고 있다. 나는 브래드 에이츠와 함께 '신념 뒤의 돈Money beyond Belief'이라는 프로그램을 운영한다. 우리는 사람들이 돈을 더 많이 벌 수 있도록 돕기 위해 태핑을 사용한다.

EFTEmotional Freedom Technique는 TFT의 변주로, '감정 자유 기법'이라고도 한다. 이를 가르치는 많은 사람 중 내가 가장 좋아하는 사람은 닉 오트너다. 닉 오트너는 영화를 한 편 제작했다. 처음에는 〈모든 것에 적용해 보세요Try it on Everything〉라는 제목이었던 영화가 이후에 〈태핑 솔루션Tapping Solution〉으로 제목이 바뀌었다. 또한 《태핑 솔루션》이라는 책도 출간했으며, 심지어는 '태핑 솔루션'이라는 어플도 생겼다.

나는 거의 매일 EFT를 사용한다. 나는 내가 원하는 성과에 대해 생각한 후 그 성과와 일직선을 이루고 있는지 생각한다. 내 안에 장애물이 있는가? 나를 훼방 놓는 신념이 있는가? 그 신념이나 장애물이 확인되면 몸의 특정 부위를 톡톡 두드린다.

다양한 EFT 치료사가 다양한 방식으로 태핑을 수행한다. 나는 내가 효과를 본 간결하고 단순한 방식을 이 장에서 공유하려 한다. 지금 진행되는 어떤 일에든 EFT를 활용할 수 있다. 좀 더 자세히 알고 싶다면 《태핑의 과학The Science behind Tapping》이라는 책을 추천한다. 관련 연구를 깊이 들여다볼 수 있을 것이다. 연구에 따르면 우리는 신체적인 문제와 심리적인 문제를 포함한 그 어떤 문제에든 가볍게 태핑할 수 있다.

닉 오트너의 영화에는 자동차 사고를 당한 사람들, 사랑하는 이를 잃은 사람들, 태핑으로 치유할 수 있을 거라고는 상상조차 하기 힘들 정도로 너무나 크고 힘겨운 일을 겪는 사람들이 나온다. 그러나 이들은 치유된다. 원제가 '모든 것에 적용해 보세요'였던 이유가 여기에 있다. 당신 인생에서 무슨 일이 벌어지고 있든 상관없다. 태핑을 적용해 보자. 그리고 변화가 일어나는지 살펴보자.

35

톡톡 건드리기만 해도
문제가 가벼워진다

신체 자극

내가 어떤 식으로 태핑을 하는지 짤막하게 설명해 보려 한다. 바로 조 박사식 접근법이다. 근본적으로 당신이 원하는 성과를 얻지 못하게 방해하는 것들을 당신의 손과 머리, 얼굴, 또 가끔은 상반신을 톡톡 두드려 제거하는 것이다.

나는 무엇이 나를 방해하는지 생각해 본다. 앞서 언급했듯 나는 남들 앞에서 이야기하는 것을 힘들어하며, 특히나 어마어마하게 많은 관객이 참여하는 연설이나 강연을 시작할 때면 아직도 긴장한다. 나는 몇 차례 〈래리 킹 쇼〉에 출연했다. 사람들이 나를 지켜보는 모습이 눈에 보이지는 않지만, 카메라에 빨간 불이 들어오는 순간부터 100만 명이 이제 내가 재채기를 하거나 눈을 깜빡이고 기침을 하거나 말을 더듬는 모습을 지켜볼 것이다. 이 사실을 방송하기 전부터 이미 알고 있기 때문에 조금 초조해하는 것 같다.

조 박사가 무대 공포증을 이겨 낸 비법

나는 무엇이든 간에 신경에 거슬리는 것을 하나 선택해서 이를 한두 단어로 압축하려 한다. 이 경우에는 '초조하다'가 되겠다. 나는 권법 동작을 하거나 벽돌을 깰 때면 손바닥 아래의 부위를 사용한다. 나는 왼손을 들어 손바닥이 보이게 펴고 손날 부위의 밑부분을 톡톡 친다. 나는 이 지점을 오른손의 손가락 두 개로 꽤 세게 두드리며 이렇게 말한다.

"설령 나는 초조함을 느낀다 해도….."

신경에 거슬리는 것이 무엇이든 그에 맞는 단어나 구절을 끼워 넣는다.

"설령 나는 초조함을 느낀다고 하더라도, 나 자신을 몹시 사랑하고 받아들이고 용서할 거야."

가끔은 이렇게 말하는 것만으로도 위안이 되지만, 나는 여기서 그만두지 않는다. 나는 내가 정화하려는 단어를 골라낸다. 이 경우 '초조하다'다. 그다음 나는 내 정수리로 올라간다. 어떤 사람들은 '왕관 차크라'라고 부르는 두개골의 맨 위쪽 부분이다. 나는 그 부위를 두드리며 말한다.

"초조하다, 초조하다, 초조하다."

없애고 싶은 단어를 골라 그 단어를 반복해 말한다. 그리고 두 세 번 정도 정수리를 두드린다.

"초조하다, 초조하다, 초조하다."

다음으로 눈썹 앞머리의 바로 윗부분으로 옮겨 간다. 똑같은 방식으로 그 부위를 두드리면서 "초조하다, 초조하다, 초조하다"라고 말한다. 나는 꽤 세게 두드리는 중이다. 그러고 나면 바깥쪽 눈가로 향한다. 양쪽을 두드리며 "초조하다, 초조하다, 초조하다"라고 말한다. 그 후 눈 밑 부분으로 가서 두드린다.

"초조하다, 초조하다, 초조하다."

이를 세 번 반복한다.

코와 윗입술 사이에 작게 움푹 들어간 인중으로 가서 "초조하다, 초조하다, 초조하다"라고 말한다. 그 후 아랫입술과 턱 사이에 살짝 패인 곳을 두드리며 말한다.

"초조하다, 초조하다, 초조하다."

왼쪽 쇄골 아래에는 살짝 부드러운 부위가 있다. 나는 그 부위를 문지르며 말한다.

"초조하다, 초조하다, 초조하다."

그때쯤 보통 초조함이 사라지지만 원한다면 시작했던 곳으로 다시 돌아갈 수도 있다.

이 방법은 매우 짤막하게 축약된 것이다. 태핑 솔루션 어플은 태핑을 실행할 다양한 방식을 알려 준다. 당신은 어플에 접속해 아주 작은 투자로 당신이 다스리려는 대상을 고를 수 있다. 불면 증, 고통, 불만, 비애 등 생각나는 거의 모든 것이 가능하다. 문제 점을 고르면 당신이 무엇을 해야 하고, 어떻게 할 수 있으며, 뭐라 고 말해야 하는지를 전부 안내해 주는 영상이 나온다. 그러나 당 신에게 정말로 필요한 것들은 내가 앞서 제시한 내용에 모두 나 온다.

영화 〈태핑 솔루션〉에서 나는 이 태핑법을 가르쳤다. 그 이후로 사람들은 배운 것들을 사용해 태핑과 함께 살아간다. 이들은 환 상적인 성과를 얻었다.

36

부정적인 감정을
떨쳐 버리고 싶을 때

감정 자극

이 장에서는 당신의 무한한 자아를 두드려서 올바른 성과를 얻는 방법에 대해 다루고 있는 만큼, 당신이 원했던 결과를 얻지 못해 좌절감을 느끼는 상황이라고 치자. 당신이 첫 번째로 해야 할 것은 감정을 묘사할 표현을 찾는 것이다. 여기에서는 '좌절'이 되겠다. 당신은 이렇게 느낄 수 있다.

"열심히 노력 중인데 어째서 내 사업은 대박나지 않는 걸까?"

"소개팅을 하는데도 소울메이트를 못 찾고 있어."

"이 문제를 고치려고 노력 중인데 제대로 고쳐지지 않아."

당신에게는 어떤 감정이 솟아나는가? 그 감정이 무엇이든 그에 맞는 단어와 표현을 붙일 수 있다. '좌절' 또는 나는 이것 때문에 매우 좌절감을 느껴'라는 식이다. 그 후 내가 막 설명한 방법 대로 태핑을 실시한다.

"설령 좌절감을 느낀다 하더라도 나 자신을 몹시 사랑하고 받아들이고 용서할 거야."

"나 자신을 몹시 사랑하고 받아들이고 용서할 거야"라는 부분은 당신의 행복과 자존감을 위해 열정을 되살리기 때문에 매우 중요하다.

혹자는 이렇게 말한다.

"단어를 태핑하다가 오히려 그 단어가 입력되는 거 아니에요?"

실제로는 정반대의 일이 일어난다. 당신은 그 단어를 태핑해서 내보내는 것이다. 신경에 거슬리는 단어를 선택한다.

"설령 나는 초조함을 느낀다 해도"

그리고 태핑해서 내보낸다.

"나 자신을 몹시 사랑하고 받아들이고 용서할 거야."

부정적인 기운이 나가면 긍정적인 기운이 채워진다

나는 태핑을 보통 한 번만 실시하지만 여러 번 반복하는 사람들도 있다. 태국의 한 여성은 끔찍한 병으로 인해 언제나 신체적인 고통을 겪고 있었다. 그녀는 하루 종일 태핑을 실시했다. 늘 자리에 누워 있어야 했기 때문에 대안은 고통에 몸부림치거나 다른 무언가를 시도하는 것이었다.

오늘날 그녀는 고통 없는 시간을 보내고 있다. 최근에 나는 태국에 가서 그녀를 무대 위로 불렀다. 그녀는 태핑에 관해 연설하며 모든 사람에게 그 과정을 설명했다. 나는 나중에야 그녀의 오랜 꿈 중 하나가 나와 무대에 오르는 것이었음을 알게 됐다.

따라서 사람들은 신체적인 문제나 심리적인 문제 모두를 위해 태핑을 한다. 당신이 욕망하는 성과를 얻지 못하게 방해하는 것이 마음가짐이든 신념이든 감정이든 이 방법으로 쉽고 빠르게 태핑할 수 있다.

감정은 사람들의 생각에 의해 만들어진다. 예를 들어 좌절감을 느낄 때, 좌절감 뒤에는 그것을 만들어 내는 신념이 있다. 심오한 서술이나 신념은 감정을 촉발하는 방아쇠가 된다. 단순히 감정을 풀어내려 하는 대신 감정의 방아쇠를 풀어내야 한다.

'나는 전혀 돈이 충분하지 않아'라는 신념을 살펴보자. 이 신념은 당신에게 분노, 좌절, 당혹감, 죄책감처럼 특정한 느낌을 안겨준다. 분노와 좌절, 당혹감과 죄책감은 그 신념에 의해 창조된다. 따라서 우리는 신념을 작업해야 한다.

우선 왼손을 들어 펼친다. 손날이 아래쪽으로 가도록 둔다. 그 부위를 두드리며 "설령 내게 돈이 충분치 않다고 느껴지더라도, 나는 나를 몹시 사랑하고 받아들이고 용서할 거야"라고 말한다. 이 말을 하는 내내 태핑을 해야 한다.

"설령 내게 돈이 충분치 않다고 느껴지더라도 나는 나를 몹시 사랑하고 받아들이고 용서할 거야."

이를 세 번 반복한다.

그 후 문장 전체, 또는 '충분치 않은 돈' 같은 식으로 축약된 서술을 정해 정수리에 손을 가져간다. 그리고 이렇게 말하며 톡톡 두드린다.

"충분치 않은 돈."

눈썹 안쪽이자 눈의 위쪽 부분으로 옮겨 가서 말한다.

"충분치 않은 돈."

이제는 눈 밑에서 "충분치 않은 돈", 코 아래 인중에서 "충분치 않은 돈", 턱 아래에서 "충분치 않은 돈", 쇄골 부위에서도 "충분치 않은 돈" 이제는 손날 부분으로 돌아와서 이렇게 말하자.

"설령 내게 돈이 충분치 않다 느껴지더라도, 나는 나 자신을 몹시 사랑하고 받아들이고 용서할 거야."

한 바퀴만 돌아도 효과를 볼 수 있다. 두세 번 반복해도 나쁠 것은 없다.

언젠가 나는 태핑 전문가가 참여한 마스터마인드 모임에 간 적 있다. 저녁을 먹으며 우리는 다양한 태핑 방법에 관해 이야기를 나눴고, 어떤 사람은 자신이 어떻게 하는지를 실제로 보여 줬다. 그의 방법은 내 방법과 매우 비슷했다. 다만 그는 그 문제점이나 신념이 사라졌는지 확실히 하기 위해 일고여덟 번에 걸쳐 태핑을 했다. 나로서는 교훈을 얻을 수 있는 경험이었다. 나는 한 번이면 된다고 생각하며 살아왔기 때문이었다.

가끔은 태핑을 한 번만 해도 괜찮다. 그러나 여러 차례 행해야 하더라도 걱정하지 말자.

37

몸과 마음의
강력한 상관관계

플라시보

몸의 몇몇 부위를 두드리는 것만으로 감정과 태도를 다시 프로그래밍할 수 있다는 것이 어떻게 가능할까? 누군가는 "태핑으로 뭘 하는 거고, 왜 정해진 부위에 해야 하는 거죠? 그냥 플라시보 효과 아니에요?"라고 물을 수도 있다.

우선 나는 플라시보가 좋다. 어쨌거나 플라시보도 우리가 믿는 것을 바탕으로 하기 때문이다. 우리는 가공의 세계에서 살아간다. 많은 사실이 플라시보가 우리의 삶을 지배한다는 결론으로 통한다. 나는 박사 조 디스펜자의 《당신이 플라시보다》를 좋아한다. 플라시보는 강력하다.

실제로 무릎이 안 좋은 사람들에 대한 사례가 있다. 이들은 무룹 수술을 받는다는 이야기를 듣고 수술실로 이송됐다. 무릎에는 수술을 받았다는 느낌을 주는 절개 부위가 생겼다. 그 후 회복실로 옮겨졌다. 이들은 실제로 수술을 받지 않았지만 상태가 좋아졌다. 마치 무릎 수술을 받은 것처럼 움직였다.

이는 플라시보의 한 사례로, 마음은 놀라울 정도로 힘이 세다는 사실을 보여 준다. 우리는 상황을 만들어 낼 수 있다. 우리는 소유할 수 있고 치유할 수 있다. 우리는 믿는 한 원하는 성과를 얻는다.

가짜 수술로 사람들이 나아졌다고? 나는 이 행위가 윤리적인지는 잘 모르겠지만, 이것은 실화이며 조 디스펜자 박사의 책들에 등장한다. 나는 플라시보를 무시하지 않으려고 한다. 당신이 믿기 때문에 태핑이 효과가 있는 것이라면 그냥 계속 실행하라. 맹세코 효과가 있으니까.

어찌됐든 나는 나를 사랑할 것이다

다음으로 나는 불신에 태핑한다. 문구를 하나 정해서 이를 태핑하는 것이다.

"설령 나는 이것이 효과 있을 것이라고 믿지 않더라도 나 자신을 몹시 사랑하고 받아들이고 용서할 거야. 설령 태핑이 헛소리라 하더라도 나는 나 자신을 몹시 사랑하고 받아들이고 용서할 거야. 설령 태핑이 내게 효과적일 가능성이 눈곱만큼도 없다 하더라도 나는 나를 몹시 사랑하고 받아들이고 용서할 거야."

그러고 나서 이 문장 중 하나 혹은 짧게 줄인 표현을 골라 머리 꼭대기에서부터 태핑을 시작한다.

"태핑은 쓰레기야. 태핑은 헛소리야."

눈가로 가서 "태핑은 효과가 없어", 눈 밑으로 가서 "태핑은 바보 같아", 코 밑에서 "태핑은 농담이야", 입술 아래에서 "태핑은 바보들이나 하는 짓이야", 쇄골 아래에서 "태핑은 농담이야", 다시 손으로 돌아와 "설령 나는 태핑이 효과적일 것이라고 생각하지 않더라도 나를 몹시 사랑하고 받아들이고 용서할 거야"라고 말한다. 당신은 회의적인 태도를 기점으로 삼아 스스로의 회의적인 태도를 태핑할 수 있다.

이 책은 뷔페와 같다. 돌아다니면서 뭐가 있는지 스윽 파악해 보자. 그리고 입맛에 맞을 만한 것을 발견하면 거기로 가면 된다. 태핑이 그다지 구미가 당기지 않는다면 우선은 건너뛰자. 다음 번에 해 보면 되니까.

태핑은 나를 포함한 수만 명이 고려해 볼 만한 가장 멋진 도구 이면서 돈도 들지 않는다. 그러나 당신에게 효과가 없거나 그런 느낌이 든다면 뷔페의 다른 코너로 넘어가라. 당신의 무한한 자아를 드러낼 멋진 도구는 많다. 예를 들면 다음 장의 주제인 '당신의 이야기를 새로 쓰기'처럼 말이다.

꿈을 현실로 바꾸는
생각 혁명

- 태핑은 일종의 심리적 침술이다. 몸의 몇몇 부위를 두드리는 것만 으로도 신념을 정화하고 감정과 태도를 관리할 수 있다.

- 이루고 싶은 것을 생각할 때 불가능하다는 생각이 함께 떠오르는 가? 나를 제한하는 신념이 확인되면 태핑을 실행하라. 태핑은 부 정적인 생각을 배출하도록 도와준다.

- 긍정 에너지를 생성하는 조 박사의 태핑법
  1) 무엇이 나를 방해하는지 생각한다.
  2) 그것을 한두 단어로 압축한다.
  3) 정수리-눈썹-눈가-눈 밑-인중-턱-쇄골의 순서로 두드린다.
  4) 태핑하는 동안 압축한 단어를 반복해 말한다.

- 태핑은 신체적인 문제와 심리적인 문제 모두를 해결한다. 이를 두 고 플라시보일 뿐이라고 생각해도 좋다. 플라시보의 효과는 강력 하다.

YOUR
UNLIMITED
SELF

9장

어떻게
타고난 행운아가
될 수 있을까?

과거와 미래를 컨트롤하는 법

미래를 창조하기에 꿈만큼 좋은 것은 없다.
오늘의 유토피아가 내일의 현실이 될 수 있다.

빅토르 위고(작가)

38

과거는
조작된 기억이다

인생 각본

당신은 아마 이렇게 생각할 수도 있다.

'내 과거는 구체적이야. 내 과거는 사실을 바탕으로 하고 있어. 내 과거는 바뀔 수 없어.'

하지만 이 신념들은 환상에 불과하다. 새로운 심리학 연구에 따르면 우리는 그 무엇도 정확하게 기억하지 않는다. 경험했다고 믿지만 조사해 보니 없었던 일이라는 '거짓된 기억'에 관한 많은 이야기가 있다. 아마도 영화를 보거나 꿈을 꾼 다음 그 내용이 실제라고 기억했을 것이다. 그리고 뇌는 전적으로 그 기억을 조작했을 것이다. 어떤 사건에서든 우리는 사실이나 세부 사항을 결코 정확하게 기억하지 않는다.

9장 · 어떻게 타고난 행운아가 될 수 있을까?

분명 우리는 우리의 과거를 정확하게 보지 않는다. 우리의 인식, 패러다임, 마음가짐, 신념이라는 오늘의 렌즈를 통해 과거를 본다. 누군가 과거를 되돌아보며 "나는 끔찍한 어린 시절을 보냈어"라고 말한다면, 이는 벌어진 일에 관한 판단과 신념, 인식이다.

왜 누구는 행복을 누구는 불행을 기억할까?

몇십 년 전 나는 두 시간 동안 줄을 서서 자기 계발 작가 레오 버스카글리아를 만났다. 지금은 세상을 떠난 그는 아주 멋지고 사랑스러우며 사람들에게 영감을 안겨 주는 빛의 전사였다. 그는 한 사람 한 사람에게 충분히 시간을 들였기에 두 시간이나 기다려야 했다. 그는 개개인과 함께 앉아 이야기를 나눴다.

나는 자신의 어린 시절이 아름다웠다고 말하는 레오의 인터뷰를 본 적이 있다. 이후 레오의 형은 인터뷰에서 "레오가 무슨 말을 하는지 모르겠군요. 우리의 어린 시절은 끔찍했어요. 가난에 허덕이고 굶주렸다고요. 우리는 불행했답니다"라고 말했다. 이 형은 동일한 상황과 동일한 사실의 집합을 보고는 "세상에, 최악이었어"라고 말했다. 레오는 동일한 상황, 동일한 배경, 동일한 가족을 바라보며 "천국이었어. 정말 최고였지"라고 말했다. 둘 중 무엇이 진실이었을까? 모두 진실이었다.

많은 사람이 여전히 피해 의식 단계를 벗어나지 못한다. 자신의 가족과 양육 과정을 바라볼 때는 더욱 그렇다. 이들은 이렇게 생각한다.

"내 부모가 이런 사람들이었더라면!"

"이 일이 실제로 벌어졌더라면!"

우리는 영화 〈백 투 더 퓨처〉의 아버지가 시간을 거슬러 올라가 과거를 다시 산 것 같은 기회를 바란다. 아버지는 깡패에게 괴롭힘 당하는 대신 이번에는 깡패에게 한 방을 먹여 완전히 새로운 미래의 연대기를 만든다. 그는 성공을 이룬 유능한 가장이자 공상 과학 소설가가 된다. 과거가 바뀐 덕이다.

내가 이 영화를 사랑하는 이유는 특별한 정화의 기술을 제대로 보여 주기 때문이다. 우리는 모두 과거를 보며 이렇게 말한다.

"그런 식으로 상황이 벌어질 수도 있었다는 건 알겠어. 사실일 수도, 아닐 수도 있지. 나는 어떤 식이라면 더 좋았을까?"

자리에 앉아 새로운 이야기를 써 보자. 새로운 대본을 짜 보자.

39

오래된 과거를 바꾸는
간단한 방법

환경

이 도구를 처음으로 사용했던 때가 생각난다. 나는 여전히 고군분투 중이었고, 여전히 책을 내지 못했으며, 여전히 무명이었다. 그러나 혼자 작업하고 있었고, 많은 성과를 내기 위해 정화의 기술을 배우려고 돌진하고 있었다. 나는 작가가 되고 싶었다. 나는 당시의 내 고통스러운 몸부림을 과거 탓으로 돌렸다. 그리고 이렇게 생각하고는 했다.

'아버지가 내게 부유함을 가르쳐 주셨다면, 내게 글을 쓰라고 응원해 주셨다면, 어머니가 일찍부터 용기를 북돋아 주셨다면, 두 분이 부와 성공에 대해 자격지심을 갖지 않으셨다면 나 역시 그런 자격지심은 없었을 텐데.'

나는 피해의식에 빠진 채 부모를 탓하다가 생각했다.

'또 다른 이야기를 써 보라는 말을 듣기는 했지만, 어떻게 과거를 재해석할 수 있다는 거지? 어떻게 과거로 돌아가 실제로 삶이 다른 방향으로 흘러간 척 할 수 있지?'

따라서 나는 자리에 앉아 펜과 종이를 꺼내 들고 이렇게 썼다.

"나는 행복한 가정에서 태어났다. 우리 아버지는 부에 관해 훌륭한 태도를 지녔다. 생계를 위해 열심히 일했고 정직하게 돈을 벌었다. 여유롭게 살기에 아주 충분한 돈이었다. 아버지는 풍족한 마음가짐을 갖고 계셨다. 어머니는 내가 어렸을 때 책을 읽어 주셨다(실제로도 그러셨다). 일찍이 내게 나만의 책을 쓰라고 용기를 북돋았다. 나는 어렸을 때부터 글을 썼다. 방문을 닫고 짤막한 이야기를 썼다. 방에서 나와 그 이야기를 들려주면 가족들은 박수를 치며 칭찬했다. 가족들은 내 이야기에서 뛰어난 점을 찾아냈다."

이 모든 이야기를 지어냈다. 내 과거를 다시 쓴 것이다. 어쨌거나 과거를 정확하게 기억하지 못하므로 그냥 기억하고 싶은 대로 창조하고 싶었다.

당신이 상황을 바라보는 방식이 바로 상황을 창조해 내는 방식이다. 내가 과거를 어떻게 보는지는 내 현재와 미래에 영향을 미친다. 능력을 불어넣는 새로운 이야기를 창조할 수 있다면 능력을 불어넣는 새로운 순간도 창조할 수 있다. 그로부터 미래에 새로운 성과를 만들 수 있다.

내가 가장 좋아하는 영적 지도자 바이런 케이티는 가끔 이렇게 묻는다.

"당신에게 당신의 이야기가 없다면 어떤 사람이 될까요?"

당신의 이야기는 지금 당신이 스스로에게 들려주는 이야기이며 당신은 그 이야기를 다시 쓸 수 있다.

혹자는 자신의 유전자를 탓한다. "저는 비만 유전자를 물려받았어요" 혹은 "제게는 나쁜 성격을 만드는 유전자가 있어요. 분노 유전자가 있다고요"라고 말한다. 《성공하는 사람들의 일곱 가지 습관The Seven Habits of Highly Effective People》을 쓴 스티븐 코비는 "당신의 유전자가 당신에게 영향을 줄지는 몰라도 당신을 결정할 수는 없다"라고 말했다. 이 진리는 당신의 과거에도 통한다. 환경은 당신에게 영향을 미치지만 당신은 당신의 주변 환경보다 훌륭하다.

브루스 립튼의 《당신의 주인은 DNA가 아니다》에는 당신이 유전자에 담긴 신념이나 감정에 따라 작동할 수도, 하지 않을 수도 있다는 과학적인 근거가 나온다. 립튼은 유전자가 거의 제안에 가깝다고 말한다. 당신은 주의력, 신념, 감정, 에너지를 쏟아부어 유전자를 작동시키기 때문이다. 비관적인 사람은 생명력을 꺼 버리는 경향이 있다. 반면에 긍정적인 사람은 생명력을 작동시킨다.

이 아이디어는 엄청난 능력을 제공하고, 그 어떤 형식에도 얽매이지 않는다. 과거를 돌아보며 "이상적인 과거가 아니었을지라도 나는 그 환경보다 더 위대하게 자랐어"라고 말할 수 있다.

아주 작은 움직임이 큰 변화를 불러온다

중요한 점을 언급하기 위해 잠깐 옆길로 새 보자. 사람들은 때때로 자기 계발서를 읽고 세미나에도 가지만 원하는 변화를 불러오지 못한다. 여기에는 한 가지 중요한 원인이 있다. 원래의 환경으로 돌아가면 예전에 존재하고 생각하고 행동하던 방식으로 되돌아가는 것이다. 주변 환경이 옛 자아를 상기시키기 때문이다.

여기까지 책을 읽었다면 당신은 내면의 변화를 만들어 낸 것이다. 당신은 원하는 성과를 서술했고, 그것을 얻기 위해 신념을 정화하기 시작했다. 이 변화가 잠재의식에 뿌리내리게 하기 위해, 정말 현실이 되게 하기 위해 무엇을 할 수 있을까?

집이나 사무실의 환경을 바꾸자. 책상을 움직이고 가구를 옮기자. 그림을 걸고 벽을 칠하자. 필요하다면 이사를 하자. 변화를 만들었다는 사실이 드러나는 일을 하자. 이것이 바로 대부분이 말해 주지 않는 변화를 유지하는 비밀이다.

기나긴 설명 끝에 나는 당신에게 이렇게 말하려 한다.

"당신은 영감을 얻고 정보를 받았어요. 그러나 집에 돌아가면 다시 오랜 습관과 루틴에 빠기 쉬워요. 이 한 가지를 기억하지 않는 이상 말입니다. 당신의 환경을 바꾸세요."

벌떡 일어나 다른 지역으로 이사 가라는 소리가 아니다. 그저 당신이 달라졌다는 사실을 보여 줄 무언가를 집에서 하라는 말이다. 나는 기타 수집가다. 따라서 내가 돌파구를 찾았을 때 새로운 기타를 살 것이다. 새 기타가 그 순간을 간직해 줄 테니까. 내게는 마크 트웨인이 그리고 서명한 풍자 만화가 한 점 있는데, 성공한 뒤에 산 것이다. 나는 그 그림을 책상 위에 올려놨다. 내가 거둔 성공을 단단히 붙잡아 상기시켜 주기 때문이다. 대단하거나거창할 필요는 없다. 새 신발 한 켤레를 사는 것도 좋다. 매번 신발을 살 때마다 당신은 내면의 변화를 통해 슈퍼우먼 혹은 슈퍼맨이 됐음을 상기할 수 있을 것이다.

40

당신 인생의
장르는 무엇인가?

방향

당신의 이야기는 서사가 된다. 모든 사람에게는 이야기할 수 있는 서사가 있다. 어느 위대한 소설이 말하듯 당신은 그 서사를 해 피엔딩으로 쓸 수 있다. 혹자는 자기 인생을 비극으로 쓰기로 마음먹는다.

"나는 빈민가에서 태어났고, 살면서 한 번도 숨 돌릴 틈이 없었어. 한고비가 지나면 또 한고비가 찾아왔지. 사람들은 나를 떠났어."

이 서사는 비극이지만 다른 사람에게는 미스터리 소설이 된다.

우리는 인생 서사의 등장인물과 사건, 줄거리의 의미를 바꿀 수 있고 원하는 성과를 위해 더 강력하게 용기를 불어넣는 서사를 쓸 수 있다. 이는 마치 당신의 삶을 소설처럼 들여다보는 것과 같다. 당신은 만나는 사람들에게 어떤 이야기를 들려주고 있는가? 코미디인가, 비극인가, 미스터리인가, 아니면 추리 소설인가?

우리는 이야기에 등장하는 인물이다. 우리가 말하는 이야기로 인생을 이해한다. 다른 사람과 소통할 때는 이야기의 형태로 소통한다. 그리고 다른 사람들은 이야기를 통해 우리의 인생과 자신의 인생을 이해한다. 우리가 어떻게 우리 이야기를 하는지는 우리가 느끼는 방식과 우리가 얻는 성과에 영향을 미칠 것이다.

당신이 말하는 이야기를 살펴보자. 그 이야기는 당신이 성과를 얻도록 도와주는가? 나는 노숙자였을 때 내 인생이 잭 런던이나 어니스트 헤밍웨이의 인생처럼 위험으로 가득 찼고 절망적이며 우울하다고 믿었다. 그 신념은 내가 원하는 성과를 얻는 데 도움이 됐을까? 아니다. 나를 구렁텅이로 밀어 넣어 정신적인 고문으로 괴롭혔다. 나는 전혀 다른 이야기를 해야 했다.

어떤 이야기였을까? 나는 당연히 행복하고 건강하며 생산적이고 인기 있는 작가들도 있으리라고 추측했다. 그런 작가들을 찾아 따라하기로 결심했고 나를 위해 새로운 이야기를 창작했다. 내가 오늘날에도 여전히 쓰고 있는 이야기다.

당신에게는 이야기가 있으며 당신은 이야기의 중간 지점을 지나고 있다. 여기까지 오기 위해 긴 여정을 거쳤다. 마치 영화를 찍는 것과 같다. 바로 지금 당신은 당신 인생의 영화 속에 있다. 바로 지금 영화의 방향을 바꿀 수도 있다. 당신 이야기의 본성을 바꿀 수도 있다. 아마 지금까지는 고군분투하며 인생과 씨름하는 이야기였을 것이다. 그러나 이제 당신은 어떻게 새로운 목표를 설정해야 하는지 알고 있다. 당신을 가로막았던 것들을 깨끗이 치울 수 있는 도구들을 여섯 개 이상 알고 있다. 이제는 영웅의 여정이 될 차례다.

우리 아버지는 다음의 이야기를 몇 번이고 반복했다. 우리가 들을 때마다 웃음을 터트리는 이야기다. 어렸을 때 아버지는 미래를 알고 싶어 심령술사를 만나러 갔다고 했다. 심령술사는 이렇게 말했다.

"마흔 살까지 너는 힘겹게 살 거야. 고난의 시간이 될 테지. 빈털터리가 돼 항상 돈 때문에 고군분투할 거야."

"좋아요. 마흔 살 이후에는 어떤 일이 벌어지죠?"

"거기에 익숙해질 거란다."

내가 이 책에서 설명한 내용을 알지 못하는 사람들은 고군분투에 익숙해져야 한다는 신념에 동의할지도 모르지만, 우리는 여기에서 새로운 이야기를 쓰고 있다. 그 이야기에 따르면 고난은 끝났다. 다시는 고난을 겪지 않으리라.

해피 엔딩을 써야 해피 엔딩을 맞이한다

tut.com('Think Unique Thought'의 머리글자를 땄다. '독특하게 생각하라'는 의미다)을 운영하는 마이크 둘리는 매일 아침 우주에서 온 쪽지를 하나씩 내보낸다. 몇 년 전 그는 "다시는 돈 걱정하며 살고 싶지 않은가요?"라는 쪽지를 발송했다. 그는 이렇게 덧붙였다.

"당신의 소원은 이뤄졌습니다. 다시는 돈 걱정 할 필요가 없습니다."

당신이 돈 걱정을 할 필요 없다는 것이 현실이다. 돈 걱정은 당신에게 도움되지 않는다. 고군분투 역시 마찬가지다. 더 이상 고군분투할 필요가 없다. 당신을 도와주지 않기 때문이다.

새로운 이야기를 써라. 당신이 바라는 방향대로 이야기를 쓰고, 느낌과 감정과 등장인물을 더 구체화하라. 자신에게 들려주던 이야기를 고쳐 쓸 수 있다는 사실을, 미래에 관해 말하던 이야기를 바로 지금 고쳐 말할 수 있다는 사실을 깨닫자.

물론 당신의 과거도 고쳐 쓸 수 있다. 그러나 미래는 대본도 없고 아직 집필되지도 않았다. 당신은 자리에 앉아 미래가 어떤 모습이면 좋을지 쓸 수 있다.

극도의 회의론자는 이렇게 생각할 수도 있다.

"내가 포춘 선정 500대 부호에 들고 모든 것을 이룬다며 실현하지도 못할 이야기를 하는 게 무슨 소용이 있어?"

잠깐 생각해 보자. 당신은 무엇이 실현될지 알 수 없다. 삶이 어떤 모습이기를 바라는지 대본으로 쓰는 것은 운명이 그 방향으로 흐르도록 마음에게 명령을 내리는 것이다.

당신의 마음은 현실과 상상한 현실의 차이를 모른다. 망상 활성계가 좋아하는 심상, 감정, 반복을 사용해 당신이 바라는 미래의 초안을 쓰면 그 새로운 경험을 존재하게 할 체계가 다시 프로그래밍된다. 왜냐고? 어느 정도는 자신의 마음을 속일 수 있기 때문이다. 마음은 당신이 막 대본으로 쓴 내용이 상상인지 모르기 때문에 그것을 현실로 받아들인다. 그리고 당신을 위해 그 대본을 현실로 만들기 시작할 것이다.

머칠 전 나는 악몽을 꿨다. 잠에서 깼을 때 몸이 땀으로 흠뻑 젖어 있었다. 나는 바짝 긴장한 상태였다. 현실에 아무 일도 일어나지 않았음에도 꿈이 실제인 것처럼 느껴졌다. 내 마음은 속임수에 넘어갔다. 얼굴 달린 비단뱀이 정말로 존재해 내 뒤를 쫓아오는 것처럼 느껴졌다. 내 마음은 그 꿈이 현실이라고 느꼈고 생리적으로 반응했다.

이것이 바로 당신이 미래의 대본을 만들 때 벌어지는 일이다. 당신의 마음은 이를 현실로 받아들인다. 그리고 실현하는 방향으로 당신을 움직인다. 당신은 여전히 현실을 공동으로 창조하고 있다. 여전히 행동을 취해야 하고, 여전히 당신에게 다가오는 기회에 따라 행동해야 한다. 그러나 당신의 마음은 미래의 이야기가 실제로 명확해질 수 있는 상황으로 당신을 데려가고 있다.

41

종이 위에서
이뤄지는 기적

기록

이야기를 어떻게 쓸 것인가? 우리는 모든 것을 쓸 수 있다. 자신에게 쪽지를 쓰고 이메일을 쓰고 서사도 쓴다. 그래도 자신이 작가가 아니라고 생각할 수는 있지만, 그렇다고 작가가 될 필요는 없다. 이 연습을 목적으로 그렇게까지 할 필요는 없다.

가능한 한 단순하게 생각하자. 일단 자신을 위해서만 글을 쓰자. 그 글을 나눌 필요는 없다. 언젠가는 공유하고 싶어지겠지만 지금은 개인적인 글이자 당신만의 글이다. 실수해도 괜찮다. 맞춤법을 틀려도 괜찮다. 주어와 서술어가 호응하지 않아도 괜찮다. 아무도 점수를 매기지 않을 테니까.

이 작업은 상상 속에서 미래를 창조해 현실로 가져오는 당신만의 마법 지팡이다. 당신이 한 번도 만난 적 없는 사람에게 글을 써 보기를 추천한다. 미국의 노스다코타주 혹은 펜실베이니아주의 누군가에게 글을 쓴다고 상상하자. 그들을 진짜로 만날 일은 없 겠지만 당신이 글에 집중하는 데에 도움이 될 것이다. 모르는 사 람에게 글을 쓴다고 상상하면 친밀감과 편안함이 더 높아질 수 있다. 친구라면 이미 알고 있을 것이라고 생각해 쓰고 싶지 않 지만 아무것도 모르는 타인에게는 좀 더 솔직하게 드러낼 수 있다.

그 후 이야기를 쓰자. 이처럼 특별한 경우에는 미래에 관해 쓰 자. 당신의 미래가 어떻게 펼쳐질지 내게 들려주기를. 재미있는 이야기들을 내게 들려주기를. 그리고 인생이 어떻게 흘러가기를 바랐고, 어떻게 흘러갔는지 들려주기를.

예를 들어 만약 당신이 작가인데 뉴욕타임스 베스트셀러 순위 에 올라가고 싶다면 이렇게 쓰자.

"오늘 아침에 〈뉴욕타임스〉를 확인하니 제 책이 베스트셀러 맨 위에 올라가 있었어요. 그 모습을 매일매일 보려고 이에 대한 기 사를 오려 벽에 붙였습니다. 이 편지를 당신에게 보낼 때 실제로 스크랩한 기사를 같이 보낼 거예요."

빵집을 차리고 싶은 한 여성이 있다면 이렇게 쓸 수 있다.

"마침내 제 가게를 열었어요. 어느 날 아침, 눈을 뜨자마자 오늘 바로 시작해야겠다고 결심했죠. 인터넷에 접속해 제가 마음먹고 있던 웹 사이트 이름 '베티의 맛있는 글루텐 프리 케이크'를 사용할 수 있다는 사실을 확인했어요. 그래서 그 사이트 주소를 샀죠. 저는 제품 사진들을 찍어 사이트에 올리고 있어요. 지금 이 주소에 접속해 제품들을 볼 수 있어요."

오늘이나 아주 최근에 성공을 거둔 것처럼 이야기하자. 만약 운동하기를 바랐다면 이렇게 쓰는 것이다.

"저는 석 달 동안 헬스장에 다녔어요. 습관이 됐죠. 그동안 그러기를 바랐거든요. 저는 좋아하는 운동을 발견했어요. 거울을 볼 때마다 제가 자랑스러워요. 어느 날 거리를 걷다가 청바지가 너무 헐렁해 새로 사야 한다는 사실을 깨달은 적도 있죠."

연애하고 싶은 사람이라면 이렇게 이야기할 수 있다.

"어젯밤은 내 인생에서 손꼽히는 가장 황홀한 밤이었어요. 이 사람과 일곱 번째로 데이트한 날이었죠. 우리에게는 공통점이 아주 많아요. 마침내 소울메이트를 찾았다는 사실이 믿기지 않아요. 우리는 약혼했다고 발표할 예정이에요. 결혼 날짜와 시간은 다음과 같아요."

내 인생 서사의 집필자가 돼라

원하는 결과를 선택하고 그것을 달성했거나 곧 달성할 것이라고 상상하자. 그리고 축하할 만한 내용을 짧고 재미있게 써 보자. 미소를 띨 만한 내용, 기분이 좋아질 내용, 기쁨 놀이를 할 내용으로 잔뜩 채우자. 나중에 다시 그것을 읽을 때 그 일이 일어나고 있거나 벌써 일어났다고 느낄 수 있게 만들어 보자.

이는 당신의 미래를 창조하는 방식이며, 아직 얻지 못한 성과를 이루는 방식이다. 다시 한 번 말하자면 당신의 마음을 속이는 것이다. 당신의 마음은 마치 악몽 속에서 '현실처럼 느껴지는데'라고 말하는 것처럼 이 이야기를 바라보게 된다. 당신의 마음은 "이 이야기는 현실처럼 느껴져. 그럼 한번 실현해 보자"라고 생각하게 될 것이다. 이렇게나 간단한 일이다.

망상 활성계는 당신의 현실을 창조하는 마음의 일부임을 기억하자. 당신은 감정으로 망상 활성계를 프로그래밍하며, 감정 없이는 현실을 만들어 낼 수 없다. 사람들은 대부분 미움과 공포에 초점을 맞춘다. 우리는 사랑에 집중하고 싶을 뿐 미움과 공포에 집중하고 싶지 않다. 그러니 좋고 선한 특성들을 상상하자. 간절한 바람과 재미와 사랑으로 채우자.

망상 활성계는 또한 심상에도 반응한다. 무슨 일이 벌어지고 있는지, 당신이 무엇을 입고 있는지, 다른 사람들은 무엇을 하고 있는지, 날씨와 장소는 어떤지 묘사해 보자. 세세한 부분까지 감각적이고 풍부하게 묘사해 다시 그 글을 읽었을 때 눈앞에서 보고, 느끼고, 감지할 수 있게 하자.

망상 활성계는 또한 반복에도 반응한다. 다시 시도하고 싶을 때마다, 기대가 생길 때마다 그 짧막한 시나리오를 다시 읽거나 써 보자. 꾸준한 반복으로 그 이야기를 마음속에 새로이 프로그래밍

할 수 있기 때문이다. 아침에 당신의 글을 읽어 보기를 권한다. 단순히 읽기만 할 것이 아니라 머릿속으로 시각화하자. 느껴 보자. 이미 당신에게는 현실인 것처럼 상상해 보자. 나는 저녁에도 똑같이 한다. 저녁은 망상 활성계에 접속하기 가장 좋은 황금 시간대이기 때문이다.

가끔은 글을 다시 쓰기도 한다. 정교하게 다듬고 풍성하게 보강한다. 일주일 동안 아침과 저녁마다 자신의 글을 읽는다면 문득 이렇게 깨달을 것이다.

'와, 추가로 이런 경험도 해 보고 싶은데.'

'새로운 생각이 났어.'

그렇다면 다시 써 보자. 감정, 심상, 반복을 글쓰기에 더하면 당신이 미래에 새로운 결과를 만드는 데에 도움이 될 것이다.

굳이 길고 거창하게 쓸 필요는 없다. 새로운 목표를 실현하도록 동기 부여하는 것 중 하나는 바로 성과를 달성하고 있다는 황홀감이다. 이야기를 열다섯 장이나 쓰는 것은 힘들고 단조롭게 느껴질 수 있고 시도하는 것조차 두려울 수 있다. 그 대신 두세 개의 문단 혹은 한 페이지에서 두 페이지 정도로만 써 보자. 작업이 술술 진행되면 계속 써도 좋다. 하지만 기쁨이 느껴질 때까지만 써야 한다. 망상 활성계는 감정으로 작동되고 기쁨이 감정이기 때문이다. 재미있는 만큼, 기쁜 만큼, 그 감정을 당신의 무한한 자아에 채워 넣도록 하자. 그렇게 당신은 원하는 성과를 얻게 되리라.

꿈을 현실로 바꾸는
생각 혁명

• 인간은 과거에 대해 그 무엇도 정확하게 기억하지 못한다. 과거에 대한 기억은 벌어진 일에 대한 신념이다.

• 과거를 바라보는 방식이 당신의 현재와 미래에 영향을 미친다. 용기를 불어넣는 이야기로 오래된 이야기를 새로 쓰면 원하는 미래를 부를 수 있다.

• 새로운 이야기를 쓸 때는 느낌, 감정, 등장인물을 구체화하라. 망상 활성계가 좋아하는 심상, 감정, 반복으로 망상 활성계를 자극하면 우리의 마음은 그것을 현실이라고 받아들인다.

• 길고 거창하게 쓸 필요 없다. 재미와 기쁨이 느껴질 때까지만 쓰자. 기쁨이라는 감정으로 망상 활성계를 작동시켜라.

• 내면을 바꿨다면 주변 환경도 바꿔라. 당신의 변화를 상기시키는 환경을 통해 성공을 단단히 붙들어 매라.

• 해피 엔딩을 쓰면 해피 엔딩을 맞이하고 비극을 쓰면 비극을 맞이한다. 당신은 어떤 미래를 쓸 것인가?

**YOUR
UNLIMITED
SELF**

10장

어떻게 성공을 앞당길 수 있을까?

동기 부여하는 법

일은 언제나 당신이 진정으로 믿고 있는 대로 진행된다.
그 일에 대한 믿음이 그렇게 만든다.

프랭크 로이드 라이트(건축가)

가정은
사실로 굳어진다

명령

아홉 번째 정화의 도구인 '네빌라이즈Nevillize, 네빌化'는 내가 만든 용어다. 1940년대부터 1970년대까지 활발히 활동했던 동기 부여의 스승 네빌 고다드의 이름을 딴 것으로, 그는 많은 사람에게 영향을 줬다. 활동하거나 서명할 때, 그리고 책에 자필 서명을 할 때도 그는 '네빌'이라는 이름을 사용했다. 네빌은 1972년에 세상을 떠났지만 오늘날까지 인기를 끌고 있다. 그의 저서와 대담은 대다수가 재출간됐고, 나 역시 15년인가 20년 전에 그의 첫 저서 《세상은 당신의 명령을 기다리고 있습니다At Your Command》를 다시 출간했다. 오랫동안 잊혔지만 고전의 반열에 오른 이 책은 세상이 당신의 명령에 따라 움직인다고 주장한다. 명령하는 대로 원하는 성과를 얻을 수 있다는 의미다.

네빌은 특정 행동을 통해 자신의 현실을 창조할 수 있다고 종종 말하고는 했다. 이는 내가 이 장에서 말하고 싶은 바와 같다. 시각화가 효과적이라는 사실을 아는 대부분의 사람은 성과를 거두겠다고 결심할 때 그것을 성공했거나 성공하기 직전의 모습을 시각화한다. 몸과 마음에 영향을 끼치는 시각화는 과학적으로 증명되기도 했다. 네빌은 조금 다르게 접근했다. 그는 갖고, 하고, 되고 싶은 것을 시각화하는 대신 어제 또는 오늘 아침에 그것이 이미 현실이 됐다고 상상하라고 했다. 많은 사람이 상상하거나 시각화할 때처럼 성과를 저 멀리 밀어 두는 대신 그 일이 오늘 벌어졌다고 상상해 보라며 제안했다.

내게는 네빌이 자필 서명을 한 책이 두 권 있다. 그는 한 책에 "가정은 사실로 굳어진다"라고 썼다. 어떤 사건이 벌어진다고 가정할 때, 그 가정은 당신의 마음속에 확고히 자리 잡아 신비로운 과정을 거쳐 구체적이고 객관적인 현실로 굳어진다는 뜻이다. 네빌은 꽤 신비주의자였다. 또 다른 책에는 "소원이 이뤄졌을 때의 기분을 가정해 보세요"라고 쓰여 있다. 소원이란 당신이 바라는 결과를 말한다. "소원이 이뤄졌을 때의 기분을 가정해 보세요"란 목표가 달성됐을 때 당신의 몸과 마음에서, 내적으로나 감정적으로 어떻게 느껴질지 가정해 보라는 의미다. 당신의 성과가 이 순간 이미 실현됐다면 감정적으로 어떤 상태가 될지 가정해 보자.

나의 상상은 현실이 된다

여기서 내가 앞 장에서 논의한 내용으로 되돌아간다. 네빌은 원하는 바가 이미 실현된 것처럼 시각화하면 당신의 일부는 그것이 이미 현실이라고 받아들인다는 사실을 발견했다. 당신의 일부는 그 모습이 앞으로 벌어질 모양새라고 믿는 것이다. 따라서 당신은 그것이 현실인 것처럼 반응한다.

네빌라이즈와 함께 당신은 이제 지적 심상과 일종의 자기 최면을 사용해 원하는 성과를 창조한다. 그리고 성과가 이미 이뤄졌다고 믿기 위해 스스로를 속여 나간다.

가끔 사람들은 자신이 몰고 싶은 자동차를 어떻게 가질 수 있는지에 관해 물어 온다. 그 차가 메르세데스 벤츠 같은 브랜드라고 하면 나는 이렇게 대답한다.

"다 좋아요. 당신이 이미 그 차를 가졌다고 상상해 봅시다. 당신은 오늘 아침 그 차를 몰고 나갔어요. 나중에는 그 차로 저를 데리러 올 겁니다. 우리는 저녁을 먹으러 나가고 당신은 저를 태워 드라이브를 할 거예요. 그리고 차 키는 바로 지금 당신의 주머니 속 혹은 책상 서랍 안에 있어요. 어떤 느낌이죠?"

이미 현실인 척하는 이 상상으로 들어가는 경험을 나는 '네빌라이즈'라고 부른다. "소원이 이뤄졌을 때의 기분을 가정해 보세요"라는 네빌의 개념을 받아들이고, 이를 성과를 얻기 위한 정화의 도구로 바꿔 보자.

이 작업은 효과적이다. 모든 핑계, 의심, 회의를 몰아내기 때문이다. 소원이 이뤄진 기분을 가정하는 유일한 방법은 이미 그것이 벌어졌다고 가정하는 것이다. 이렇게 해서 실현된 현실로 한 발짝 들어선다는 것은 당신의 의심과 걱정이 사라진다는 의미다. 효과가 있었음이 틀림없으며, 반드시 실현됐을 것이라는 근본적인 가정이 존재한다. 신나는 일이다. 이것이 바로 해결책이니까 말이다.

43

앞을 내다보며
연결점을 찾을 수는 없다

행동

내가 사업을 새로 시작한다고 치자.

다니던 직장을 그만두고 대출을 받는 등의 행동 단계에 들어서는 대신 나는 이미 사업을 꾸렸다고 상상한다. 회사를 운영하고, 제품을 배송하며, 직원들의 얼굴에 떠오른 표정을 살펴보는 내 모습이 보인다. 이 작업은 내가 모든 이에게 이해시키고 싶은 핵심으로 이어진다.

최근 나는 대담에서 이런 질문을 받았다.

"사람들이 성과를 얻으려고 할 때 저지르는 가장 큰 실수는 무엇일까요?"

그 답을 알려 주겠다. 바로 "어떻게 해야 할지 알려고 하는 것"

이다.

기분은 이해한다. 당신은 '최종 성과를 얻고 싶지만 나는 아직 출발선에 서 있어서 어떻게 그 결과에 도달할 수 있는지 몰라. 어떻게 해야 하지?'라고 생각 중일 터다. 우리는 모두 요령을 모색하고 계획을 고민한다.

일단 보이는 만큼 달려가라

나는 모든 사람이 다음의 사실을 이해하기를 바란다. '계획 같은 건 없다'는 사실이다. 당신이 시작할 때 계획 같은 것은 존재하지 않는다. 스티브 잡스는 이렇게 말했다.

"앞을 내다보며 연결점을 찾을 수는 없다. 오직 과거를 되돌아보며 연결점을 찾을 수 있을 뿐이다."

출발점에 서서 "어떻게 저기에 도달하지?"라고 묻는다면 앞으로 나아갈 수 있는 연결점은 보이지 않는다. 당신은 최종 성과에 도달해 뒤를 바라보며 "저게 1단계였어. 이건 2단계였고. 이 점이 저 점으로 이어졌지"라고는 말할 수 있지만 처음부터 그 지도를 가질 수는 없다.

실제로 누군가가 "내게 로드맵이 있어. 이건 1단계고, 이건 32단계야. 이 32단계 모두를 해 봐. 그럼 거기에 도달할 수 있어"라고 말한다 하더라도 당신은 그 지도로 도착점에 가지 못할 것이다. 지도는 활동 구역과 다르기 때문이다.

당신은 움직이는 시기, 즉 사람과 기술을 포함한 모든 것이 유입되는 시기 동안 성과를 창조해 낸다. 당신이 생각하기에 효과가 있을 만한 것이라고 해서, 10년이나 20년 전에 효과가 있었다고 해서 반드시 지금도 효과가 있으리라는 법은 없다. 모든 것은 변하기 때문이다. 우리는 매번 다른 순간을 살아가며 당신은 그 순간에 반응해야 한다.

'나는 지도를 파악해야 해. 모든 단계를 알고 있어야 해.'

알 필요 없다. 이런 생각이 큰 문제가 된다. 그저 한 가지만 알면 된다. 내가 가끔 '베이비 스텝'이라고도 부르는 첫 번째 단계다. 당신은 이 단계를 거쳐야 한다. 책을 사서 볼 수도 있고, 도메인을 등록할 수도 있다. 세미나에 참여하고 누군가에게 전화하며 백일몽을 꾸거나 정화의 도구 중 하나를 실행하는 일이 될 수도 있다.

그 베이비 스텝이 무엇이든, 지금 이 순간에는 분명하게 정해져 있다. 그 단계를 밟은 뒤에는 무슨 일이 벌어질까?

소설가 엘모어 레너드는 책 쓰는 일이 한밤중에 자동차를 몰고 미국을 횡단하는 일 같다고 말했다. 100야드든 뭐든 헤드라이트가 비출 수 있는 범위까지만 앞을 확인할 수 있을 뿐이다. 그러나 일단 그만큼의 거리를 달리고 나면 그다음으로 달릴 거리가 불빛에 비치고, 또 그다음 거리가 드러난다. 이렇게 당신의 욕망을 실현할 수 있다.

모든 단계를 미리 봐야 할 필요는 없다. 첫 번째 베이비 스텝을 내딛으면 두 번째 단계가 명확해진다.

44

나는 오늘 아침,
원하는 것을 손에 넣었다

네빌라이즈

네빌라이즈는 당신에게 목표이자 최종 성과를 보여 준다. 다만 의식적으로 보여 주지 않을 뿐이다. 빙산의 보이지 않는 부분, 잠재의식적·무의식적 마음을 떠올려 보자. 망상 활성계를 생각해 보자. 당신은 실현되기를 바라는 성과가 무엇인지 뇌에 경보를 발령하는 중이다.

감정과 심상과 반복으로 풍성하게 채워진 당신의 마음은 이제 그 성과를 찾도록 프로그래밍됐다. 네빌라이즈의 미덕은 상당히 즐겁다는 데에 있다. 원하는 것을 이미 손에 넣은 척해 보기란 짜릿한 일이다. 책을 다 썼다. 빵집을 열었다. 사업이 대박 났다. 열정적인 연애를 하고 있다. 당신이 작곡한 노래가 히트 쳤다. 짜릿하지 않은가?

최종 성과를 찾아보자. 최종 성과는 당신이 해낼 수 있다는 사실을 알려 주는 역할을 한다. 현실인데다가 모든 회의론을 날려 버릴 근본적인 사실의 서술이기도 하다. 왜냐하면 그다음에는 최종 성과에 맞춰 역할놀이를 할 수 있기 때문이다. 즉 당신은 원하는 성과를 얻기 위해 마음을 과학적으로 프로그래밍하는 중이다.

나를 성공으로 이끄는 나침반

네빌라이즈는 신비주의이자 마법이지만 성과를 얻기 위한 실용적인 도구이기도 하다. 다른 상황에서는 놓칠 법한 기회들을 알아차리라고 당신의 뇌를 깨우기 때문이다. 과학적인 연구에 따르면 어느 특정한 순간에는 언제나 약 140억 비트의 정보가 날아다닌다고 한다. 상상이 안 갈 정도로 놀라운 이야기다. 당신은 의식적으로 겨우 7비트 정도의 정보만 파악할 수 있다. 그렇다면 무엇이 그 정보를 필터링할까? 무엇이 수십 수백억 비트의 정보를 거르고 당신의 일부가 적절하다고 말하는 일곱 가지만 내 주는 것일까? 정보를 분류하는 것은 당신이 성과를 얻도록 도와주는 체계다.

당신이 무의식적으로 원하는 성과 중 하나는 적어도 생존일 것이다. 따라서 필터링 체계는 위험한 것에 대한 정보라면 무엇이든 찾아내기 위해 모든 정보를 훑는다. 위험한 것이 나타나 당신에게 경보를 울리면 당신은 무엇이든 조치를 취할 수 있다. 이 체계는 당신이 생명을 유지하도록 노력하는 중이다. 이것이 지금도 작동 중인 당신의 망상 활성계에 프로그래밍 된 일이다.

이제 당신은 새로운 성과를 위해 프로그래밍을 하려 한다. 이렇게 말해 보자.

"나는 그것을 하고 싶어."

그럼 망상 활성계는 수십 수백억 비트의 정보를 분류하기 시작한다. 그러다 당신이 성과를 달성하는 데에 적절한 정보가 나오면 망상 활성계는 당신에게 경보를 울린다. 그 정보를 인식한 당신은 어쩌면 '이 일을 인터넷으로 해야 해' 혹은 '구글에 검색해야 해' 같은 생각을 하게 될 수도 있다. 무슨 일이 벌어지든 당신은 이제 그 정보를 알아차리고 그에 관한 행동을 취할 수 있다.

네빌라이즈는 이를 가능하게 한다. 성과를 추구할 수 있게끔 네빌라이즈가 당신의 마음을 프로그래밍 한 덕에 당신의 뇌는 목표 달성에 도움이 되는 모든 것에 기민하게 반응한다. 그리고 당신의 마음이 그 정보를 의식하게 한다. 즉 당신은 직관적인 두드림을 듣고 기회를 알아본 다음 행동을 취하게 된다. 당신은 현실을 공동 창조하고 뇌는 성과가 있는 방향으로 당신을 움직인다.

어떻게 하면 일상생활에 네빌라이즈를 결합할 수 있을까? 내 경험에 따른 원칙에 의거하면, 재미있는 한 계속해 봐야 한다. 재미는 창조를 자아내는 에너지이기 때문이다. 또한 사랑의 에너지이자 명명백백한 에너지 중 하나이기도 하다. 의무감으로 일을 하려 하지 말자. 전혀 하고 싶지 않은 일을 규율로 정하지 말자.

아마도 오늘 밤 잠자리에 들어 새로운 차를 사거나, 새로운 사업을 시작하고, 아니면 새로운 연애를 한다고 상상해 보면 당신은 재미있겠다고 생각할 것이다. 그러나 그게 고역으로 느껴진다면 그만두자.

내면의 나침반에 주의를 기울이자. 무엇이 그 일을 하라고 명령하는가. 또는 무엇이 그 일을 하지 말라고 명령하는가. 그 명령을 따르자. 이 연습을 열심히 할수록 과정은 더욱 빨라질 것이다. 동시에 생생하고 감정적으로 만족스러운 시간을 네빌라이즈하면 당신의 무한한 자아를 배경으로 꿈들이 실현되고 그 어느 때보다 빠르게 원하는 성과를 얻게 될 것이다.

꿈을 현실로 바꾸는
생각 혁명

- 성공에 도달했을 때의 기분을 상상하라. 원하는 바가 실현된 모습을 생생하게 시각화하면 당신의 일부는 그것을 현실이라고 받아들인다.

- 네빌라이즈를 통해 당신의 뇌는 목표 달성에 도움이 되는 모든 일에 기민하게 반응할 수 있다. 내면의 나침반에 주의를 기울여라. 무엇을 하라고 명령하는가? 무엇을 하지 말라고 명령하는가? 그 명령을 따르라.

- 이미 이뤄졌다고 생각하는 것의 가장 큰 장점은 모든 핑계, 의심, 회의를 몰아낸다는 점이다. 당신은 이미 이뤘기에 의심하고 걱정할 필요가 없다.

- 네빌라이즈의 미덕은 즐겁다는 데에 있다. 재미있는 한 계속하라. 재미는 창조의 에너지다.

- 성공으로 향하는 모든 단계를 다 파악할 필요는 없다. 중요한 것은 첫 번째 단계다. 첫발을 내딛으면 다음의 경로가 선명해진다.

**YOUR
UNLIMITED
SELF**

11장

어떻게 끊임없이 성공할 수 있을까?

자신감을 키우는 법

지속적인 긍정적 사고는 능력을 배로 높인다.

제롬 파월(정치가)

45

짧고 굵은
강력한 한마디

확언

솔직히 나는 확언 마니아까지는 아니었다. 확언이란 사람들이 스스로를 바꾸기 위해 사용할 수 있는 가장 약한 도구라고 오랫동안 생각했다. 효과가 없다고도 생각했다. 나는 여러 가지 확언을 시도한 뒤 '효과가 없어. '나는 이제 돈이 더 많다'라고 써 봤자 내게는 돈이 더 생기지 않잖아'라고 생각했다. 확언이 자신에게 거짓말하는 일처럼 느껴졌다.

언젠가 《뇌는 어떻게 당신을 속이는가》를 쓴 의사 제프리 슈워츠와 인터뷰를 했다. 그는 우리가 하루에 5만 개에서 6만 개의 생각을 하며 그중 대부분이 케케묵은 똑같은 생각이라는 사실을 지적했다. 게다가 그 생각들은 비록 대부분이 부정적이기는 하나 일종의 확언이라고 했다. 우리 마음속에서 몇 번이고 반복되는 생각들 덕에 특정한 사고방식과 존재 방식은 계속 살아남는다. 이 과정을 중단하려면 우리는 새로운 패턴과 신경 경로를 만들어야 한다. 우리에게는 새로운 생각이 필요하다.

마음 챙김 연습을 해 보자. 생각하고 있다는 것, 온갖 종류의 생각이 있다는 것에 주목해 보자. 자기 자신에 대해, 다음에 무슨 일을 해야 하는지에 대해 생각하자. 정화의 도구에 관해 생각하자. 생각을 지니고 있으나 당신은 당신의 생각이 아님에 주목하자.

당신은 당신의 생각을 전할 수 있다. 하지만 왜인지 몰라도 어쨌든 당신은 그 생각이 아니다. 이는 엄청난 통찰이다. 당신이 당신의 생각이 아니라는 사실은 엄청난 용기가 된다. '나는 별로 훌륭한 사람이 아니야', '좋은 남자들에게는 임자가 있어', '돈이 충분치 않아', '내게는 기술이 없어', '나는 너무 어려', '나는 너무 늙었어' 같은 생각들이 달려들 때 거기에 말려들 필요 없다. 그것들은 그저 생각일 뿐이다. 당신은 그 생각들로부터 분리될 수 있고 슈워츠가 책에서 말했듯 당신의 생각이 아님을 깨달을 수 있다.

계속 가 보자. 당신의 감정에 주목하자. 행복한가? 슬픈가? 화가 나는가? 무슨 일이 벌어지든 당신은 당신의 감정이 아님에 주목하자. 당신에게는 감정이 있고 그것을 전하거나 묘사할 수 있지만, 당신은 당신의 감정이 아니다.

한 발짝 더 나아가 보자. 당신의 몸에 주목하자. 바로 지금 어떻게 느껴지는가? 자리에 앉아 있거나 서 있거나 누워 있는 당신은 지금 편안한가? 고통이나 아픔은 없는가? 경련은 없는가? 무슨 일이 벌어지고 있는가? 당신은 이번에도 당신의 몸 상태를 전할 수는 있지만 당신은 당신의 몸이 아니다.

당신이 당신의 생각도, 감정도, 몸도 아니라면 당신은 무엇인가? 답은 일부 영적인 전통에서 '주시자Witness'라고 부르는 존재다. 당신 안에, 내 안에, 다른 사람들 안에 있는 이 주시자 혹은 관찰자는 모두 동일한 존재다. 생각, 기분, 몸을 초월할 때 도달하는 내면의 영적인 본질이다.

더 깊숙이 들어갈 수도 있지만 이 장에서는 당신이 이 모든 생각을 갖고 있다는 사실을 깨닫는 것이 우선이다. 당신은 그 생각들이 영향력을 발휘하게끔 내버려 뒀고, 원하는 성과를 불러오거나 억제하도록 내버려 뒀지만, 당신은 당신의 생각이 아니다. 당신은 당신의 생각이 아니기에 그 생각들을 갖고 놀 수 있다.

"나는 어떤 종류의 생각을 하고 싶지? 어떤 생각이 낫지? 나는 어떤 생각을 더 선호하지?"

앞서 나는 "확언은 내게 효과가 없어"라고 말한 여성에 관해 이야기했다. 그 말이 바로 확언이다. "확언은 내게 효과가 없어"라고 말하는 것은 확언이 내게 효과가 없다고 확언하는 것이다. 확언보다 부정적인 서술이라고 부르는 게 어울릴지 몰라도, 어떤 경우에서든 당신은 이렇게 반복되는 생각으로 현실을 창조한다.

이 반복된 생각이 확언이다. 그리고 바로 지금 당신은 스스로에게 들려주는 확언을 바탕으로 성과를 얻거나 얻지 못한다.

나는 스스로에게 내가 선호하는 확언을 들려주는 법을 배웠다. 과거에는 "이 중 아무것도 내게 효과가 없어"라고 말했지만 그 말을 바꾸고 싶었다. 그 말을 계속 반복하고 싶지 않았다. 반복하다가는 결국 그 말대로 되기 때문이다. 이는 자기 충족적 예언이 된다. "내게 효과가 없어"라는 말이야말로 모든 것이 효과가 없게 만들고 말 것이다.

그렇다면 어떤 것이 더 좋을까? 바로 새로운 확언이다. "이 자료는 내게 딱 맞네", "이 정화의 도구는 내게 효과가 있어"라고 말해 보자. 우리는 선호하는 확언을 선택해 그것을 시작하고 싶다. 그 확언을 생각하고 글로 쓰고 싶다. 기록하고 싶고, 우리의 마음을 새로운 프로그래밍으로 채우고 싶다.

확언을, 아니 모든 생각을 마음의 소프트웨어로 여기자. 우리는 새로운 자료로 스스로를 다시 프로그래밍 하는 중이다.

성능이 좋은 확언의 특징

훌륭한 확언의 요소에 관해 이야기해 보자. 좋은 확언은 현재형이고 긍정적이다. 짧고 개인적이다. 또한 감정을 담되 다른 누군가에게 들려줬을 때 당신이 무슨 이야기를 하고 있는지 이해할 정도로 명료하다.

나는 3장에서 처음에 믿지 않았던 새로운 신념을 내 현실에 주입했다고 언급했다. 돈을 많이 쓸수록 더 많은 돈을 받는다는 신념이었다. 방법이 무엇이었을까? 확언이 시작이었다.

"나는 돈을 많이 쓸수록 더 많은 돈을 받는다."

자, 모든 새로운 확언은 처음 언급할 때 진실이라고 느껴지지 않는다. 마음의 소프트웨어에서 여전히 활성화되고 있는 옛 확언들과 부딪히기 때문이다. 하지만 계속 반복하다 보면 새로운 확언이 점차 소프트웨어에 통합된다.

이 세상의 많은 책이 자기 대화에 관해 논한다. 자기 대화는 당신이 마음속으로 조용히 하는 확언이다. 사람들의 자기 대화는 대부분 "나는 별로 훌륭한 사람이 아니야", "나는 실패자야", "나는 너무 늦었어" 같은 말들로 이뤄져 있다. 이러한 서술들은 사람을 무력해지게 한다.

우리는 그 과정을 통제하려 한다. 우리는 우리의 생각이 아니고, 심지어 우리의 뇌도 아니라는 사실을 깨달을 것이다. 우리는 이 모든 것을 통제할 수 있다. 짤막하고 개인적이며 현재형으로 된 새로운 확언을 써야 한다.

새 확언은 우리 머릿속에 존재했던 기존의 생각들보다 바람직하지만, 처음에는 믿기지 않는 내용이라고 여겨질 수도 있다. 그러나 시간이 흐르면 "돈을 많이 쓸수록 더 많은 돈을 받는다"라는 말은 현실이 된다. "나는 당연히 성공할 만큼 훌륭해"라는 말 또한 시간이 흐르면 새로운 현실이 된다.

다시 한 번 말하지만 확언은 짧아야 하며 일인칭 시점으로 써야한다. 그리고 선언문처럼 단호해야 한다. 확언은 쉬워야 하기에 당신의 뇌가 마치 아기인 것처럼 대해야 한다. 여러 면에서 당신은 아이였던 당신에게 말하는 셈이다.

46

어떻게 말해야
이뤄질까?

현실 창조

사람들은 확언에 이의를 제기한다. 언젠가 토니 로빈스는 이렇게 말하기도 했다.

"거울을 보며 '나는 믿기지 않을 정도로 부자야'라고 말한 뒤 신용 카드에 쌓인 5만 달러의 빚을 보면 당신의 마음속에는 '젠장, 젠장, 젠장'이라는 말이 떠오를 것이다."

현실과 너무 크게 대치되는 확언은 받아들이기 어렵다.

어떤 사람들은 확언이 마치 빛 좋은 개살구 같다고 한다. 결국 자기 자신을 수양해야 하고, 성공하기가 어렵다는 사실을 받아들여야 하기 때문이란다. 확언에는 노력이 든다. 현실이 그렇다. 목표를 이루려면 밤늦게까지 노력해야 한다. 확언을 할 때 당신은 그 현실을 무시하려 애쓰고, 아마도 그 현실로 인해 더 나약해질 것이다. "그래. 나는 벌써 이것을 받아들였고, 저건 이미 달성했어"라는 식이 될 수도 있다.

현실을 직시해야 할 때가 왔다. 이쯤에서 진실을 이야기하겠다. 당신의 멱살을 잡고 눈을 똑바로 쳐다보며 이렇게 말할 때다.

부정적인 확언을 긍정적인 확언으로 고치는 방법

1. 당신의 현재는 확언의 결과다

첫 번째 진실은 지금의 현실이 당신이 스스로에게 한 확언들을 바탕으로 한다는 것이다. 현실, 즉 당신이 지금 마주하는 결과는 기존에 스스로에게 한 확언들에서 직접적으로 비롯됐다. 확언은 이렇게나 강력하다.

우리는 제한의 신념을 찾아내고 그것을 긍정적인 확언으로 다시 써야 한다. 처음에는 불편하게 느껴지고 마치 거짓말을 하는 것처럼 느껴질 수 있다. 마음속 소프트웨어를 다시 프로그래밍하는 중이기 때문이다. 마음은 "받아들일 수 없어. 지금 여기에 존재하는 것들과 어울리지 않아"라고 말하겠지만, 확언을 반복하다 보면 새로운 현실로 빠르게 받아들여질 것이다.

2. 성공에 고통이 따른다는 것 또한 신념이다

또 다른 반박에 답하자면, 성공에는 고통과 고난이 따른다는 생각 그 자체가 제한의 신념이라는 것이다. '꿈을 좇고 성과를 추구하기 위해서는 반드시 고군분투해야 한다'는 생각은 내재적인 확언이며 부정적인 서술이다. 성공을 위해 꼭 그래야 하는 것은 아니다.

"꿈을 향해 나아가고 성과를 이루기 위해서는 반드시 단련이 필요해."

꼭 그렇지는 않다.

"어느 정도 즐거움을 포기해야 해. 그래야 보상받을 수 있지."

꼭 그렇지도 않다.

다시 한 번 말하지만 우리는 신념이 이끌어 가는 우주에 산다. 신념을 다른 말로 하면 무엇일까? 바로 확언이다. 우리가 자신에게 계속 들려주는 서술, 확언, 신념들은 우리의 현실을 창조한다. 원하는 것을 이루기 위해 힘들게 싸워야 한다고 생각하면 그렇게 될 가능성이 매우 높다. 우리는 "힘겹게 노력해야 할 거야"라는 생각을 반복하며 현실을 그렇게 만들어 간다. 그게 바로 확언이다.

우리가 개입해서 새로운 확언을 선보이지 않는 한 기존의 확언이 지금의 현실을 창조한다. "나는 노력 없이 쉽게 목표를 달성했어", "원하는 것을 얻고 싶다는 열정 덕분에 이 성과를 이뤘어" 같은 식으로 말해 보자. "힘겹게 노력해야 할 거야"라는 말보다는 더 낫지 않은가?

부처는 "인생은 고행이다. 하지만 그 고행을 받아들이면 더 이상의 고행은 없다"라고 말했다. 중요한 것은 마음가짐이다. 원하는 결과를 얻기 위해 해야 할 일이 있다는 사실을 받아들여야 한다면, 어깨를 한 번 으쓱한 뒤 "뭐, 그게 내가 해야 할 일이라면" 하고 갈 길을 가자. 그 일이 나쁘다는 뜻이 아니다. 고행이라는 의미가 아니다. 암울하다는 의미도 아니다. 그저 다음 단계일 뿐이다.

이것이 확언의 힘이다. 효과가 없다고 말하던 내 친구처럼 확언을 무시하지 말자. 우리는 일상적인 대화에서 확언을 사용한다. 하루에 6만 개의 생각을 하며 무턱대고 확언을 쓴다. 우리는 우리의 핑계에 세뇌된 채 확언한다.

"난 조 박사의 충고를 진심으로 받아들이고 싶지만 다른 사람들에게나 효과가 있더라고. 내게는 효과가 없어."

이것이 바로 확언이다. 제한의 사고이며 제한의 신념이다. 당신은 이러한 말들을 반복하며 확언을 하게 된다. 확언을 계속하다 보면 그것이 곧 성과가 된다.

47

잘되는
말이 있다

전달법

우리는 깨우치고 싶다. 그리고 능력을 부여받고 싶다. 무엇을 생각할지 선택하고, 무엇을 믿어야 할지 선택하고 싶다.

친구인 민디 오들린은 《만약에 모든 일이 잘 풀린다면?What If It All Goes Right》이라는 책을 썼다. 달라진 질문을 하기 위해 생각을 바꾼다는 개념의 책이었다. 사람들 대부분은 민디가 '하향적 만약에 사고'라고 부르는 행동을 실천한다. "만약에 이것이 효과가 없으면 어쩌지?", "만약 이 프로그램이 실패한다면?", "만약 이 정화의 기술이 내가 아닌 다른 사람들에게만 효과적이라면?", "만약 해야 하는 모든 것을 다 했는데도 실패해 버리면 어쩌지?"라는 식으로 '만약에'를 부정적으로 언급하는 것이 하향적 만약에 사고다. 이 사고는 당신의 에너지, 열정, 낙관주의, 능력을 끌어내린다. 당신의 마음이 기회와 선택을 보지 못하게 하고, 원하는 대로 살 수 있는 능력을 알아채지 못하게 한다.

반대는 '상향적 만약에 사고'다.

"만약에 이게 효과가 좋다면?", "만약에 이 프로그램이 나의 삶을 송두리째 바꿔 준다면?", "만약에 이 정화의 도구가 나의 모든 부정적인 신념을 한방에 날려 버린다면?", "이 기술 덕분에 늘 꿈꿔 온 성과를 마침내 얻을 수 있다면?"라는 식으로 '만약에'를 언급한다.

상향적 만약에 사고는 당신을 더욱 강하고, 더 행복하고, 더 건강하고, 더 부유하고, 더 긍정적인 사람으로 만든다. 결정을 내리고 현실을 공동 창조하는 능력을 안겨 준다. 원하는 결과에 닿을 수 있게 도와준다.

이 모든 것이 생각에 달렸다. 하향적 만약에 사고를 할 수도 있고 상향적 만약에 사고를 할 수도 있다. 《만약에 모든 일이 잘 풀린다면?》은 긍정적인 질문을 지향하지만 이는 당신의 선택에 달렸다.

원하는 것을 이루는 말하기

실용성의 측면에서 확언의 프로그램을 대략 짜 보자. 다음은 몇 가지 제안이다.

1. 10가지 영역을 선택하라

나는 균형 잡힌 것을 좋아하기에 재정, 사회생활, 대인 관계, 건강, 영성 같은 인생의 다양한 영역을 모두 살펴볼 것이다. 당신의 삶을 검토한 후 노력을 기울이고 싶은 열 가지 영역을 선택하자. 그 후 선택한 각각의 영역에 적어도 하나 이상의 확언을 만들자. "나는 이제 건강하고 부유하고 현명해", "나는 이제 만족스러운 연애를 하고 있어", "나는 충분히 많은 돈을 벌고 있어", "내가 하고 싶은 일을 하며 많은 돈을 벌고 있어" 정도면 괜찮다.

2. '나' 전달법을 사용하라

"나는 -을 가졌다", "나는 -하다", "나는 -을 한다"라는 말을 사용하자. '나는 -이다' 서술은 확언 중에서도 유독 강력하다. "나는 부자다", "나는 사랑받는 사람이다", "나는 성공한 사람이다", "나는 건강한 사람이다"라는 확언들이 그 예시다. 최면의 관점에서 이 서술은 아주 강력한 명령이다. 또한 마음으로 이해하기가 매우 쉽다. 당신이 이루고 싶은 것이 무엇인지 선언하는 일이기도 하다.

나는 이 전달법을 좋아한다. 이렇게 쓴 문장들을 쓰고 바라보기를 좋아한다. 내 친구들은 노란색 메모지에 '나는 -이다'라는 문장을 써서 손, 자동차 핸들, 냉장고, 침대, 화장실 거울 등 눈길이 닿는 곳에 붙여 둔다.

3. 자신의 목소리로 들어라

나는 자기 목소리로 직접 녹음한 음성 확언을 굳게 믿기도 한다. 오늘날에는 핸드폰으로 매우 쉽게 10초짜리 확언을 녹음할 수 있다. 확언을 읊는 자신의 목소리에 귀를 기울이는 일은 효과가 아주 강력하다. 당신의 마음은 당신의 목소리로 녹음된 확언을 더욱 쉽게 받아들이고 더 쉽게 이해한다. 다른 누군가의 목소리가 아닌 바로 당신의 목소리이기 때문이다.

4. 반복하라

또 말하지만 반복은 망상 활성계를 재프로그래밍하는 한 가지 방법이다. 따라서 하루에 몇 번이고 확언에 노출되는 것이 최고다. 어려운 일이 아니므로 당장 실행에 옮기자. 당신이 쉽게 볼 수 있는 벽에 확언을 붙이거나 핸드폰에 녹음하자. 매시간, 혹은 그보다 더 자주 당신의 확언을 떠올릴 수 있을 것이다. 확언을 많이 바라볼수록 그것이 새로운 사고임을 더 자주 떠올릴 수 있다.

'이것이 내가 원하는 새로운 성과들이다. 내 새로운 존재 방식이며, 새로운 나다.'

나는 즐거움을 누리려 한다. 이것을 재미로 삼자. 원하는 현실을 창조하는 일은 어렵지 않고 재미있는 과정이다.

48

나를
살리는 말

감사

확언에 어울리는 한 가지 기술은 바로 감사다. 감사는 누구나 어디서든 써먹을 수 있는 정화의 기술이다. 나는 노란 연필에 관한 이야기로 내 인생을 바꾼 감사의 힘을 보여 주려고 한다.

몇십 년 전, 나는 휴스턴에서 고난의 시간을 보내고 있었다. 빈털터리에 무명이었던 나는 불행하고 비참했지만 올바르게 살았다. 적절한 책을 읽고, 적절한 음악을 들었으며, 무료 세미나를 청강했다. 나를 위해 할 수 있는 일은 무엇이든 했다. 작가가 되고 싶었기 때문이다. 그러나 아무 일도 일어나지 않았고 나는 점차 울화가 치밀었다. 실망과 회의로 가득 찬 마음을 지니게 됐다.

사람들은 감사에 대해 계속 언급했다.

"감사해야 해요. 감사하는 마음을 가지면 모든 것이 바뀔 거예요."

나는 말했다.

"네. 그러시겠죠. 무언가 감사할 게 있으면 그때 감사할게요."

"그런 식으로 하는 게 아니에요. 당신은 먼저 감사해야 해요. 그래야 당신이 감사하게 될 것들을 얻을 수 있어요."

"제 책을 출판하게 해 주세요. 제게 성공을 가져다주세요. 돈과 차를 주세요. 부를 좀 안겨 주세요. 그럼 감사할게요."

나는 계속해서 같은 이야기를 들었다.

"아뇨, 그런 식으로 하는 게 아니에요. 감사함을 연습해야만 해요."

내 삶을 바꾸는 강력한 능력

나는 휴스턴 남부에 있는 쓰레기통같이 작은 방에 앉아 있었다. 비좁고 불편한 그 방에는 화장실이 마치 책상처럼 한 공간에 들어 있었다. 책상 위에는 노란 연필 한 자루가 놓여 있었다. 나는 그 연필을 들여다보다가 말했다.

"좋아. 나는 여기에 감사할 수 있어. 자살하기 전에 이 연필로 유서를 쓸 수 있어. 몸값을 요구하는 편지도 쓸 수 있어. 정부나 대통령, 신문사에 보낼 투서 같은 것도 쓸 수 있어."

그러다가 이렇게 말을 이어 갔다.

"사랑 노래를 쓸 수 있어. 사랑 시를 쓸 수 있어. 소네트를 쓸 수 있어. 성명서를 쓸 수 있어. 위대한 미국 소설도 쓸 수 있어. 극본을 쓸 수 있어."

갑자기 변하기 시작한 나는 이렇게 생각했다.

"이럴 수가. 나는 이 연필로 세상을 바꿀 수 있어."

그 연필을 내려다보니 진심으로 감사한 마음이 들기 시작했다. 내면에서부터 무언가 달라진 것이 느껴졌다. 그러다 지우개를 보고는 생각했다.

"세상에. 천재적이야. 나는 유서를 지울 수도 있어. 몸값을 요구하는 편지도 지울 수 있어. 식료품 목록도 지울 수 있고, 목록에 들어간 것 중 마음에 들지 않는 것은 모두 다 지울 수 있어."

그리고 또 생각했다.

"이건 막대기야. 속에는 연필심이 있고 끄트머리에는 지우개가 달린 막대기야. 하지만 나는 이걸로 세상을 바꿀 수 있어."

노란 연필에 관해 이야기를 할 때면 나는 에너지가 바뀌고 삶에 대한 열정도 치솟는다. 감사 연습을 시작했을 무렵에는 믿지 않았던 결과다. 나는 감사에 효과가 있을 것이라고 믿지 않았다. 회의와 분노가 가득 찬 마음으로 흉내를 한 번 내 본 것뿐이었다. "만약에 이 연필에 감사할 수 있다면 어떨까?" 하고 말이다.

당신에게도 한 번 청해 본다. 물건을 하나 집어 들어 보라고. 꼭 연필일 필요는 없다. 옆에 어슬렁거리는 반려동물이라도 괜찮다. 당신이 사랑하는 사람이어도 좋다. 물 한 잔이 될 수도 있겠다.

처음에는 회의감을 잔뜩 품고 "좋아. 내 앞에 놓인 종이 한 장에 감사할 거야"라고 말할 수도 있다. 그러나 작업을 시작하고 당신이 왜 감사한지 이유를 나열하다 보면 감사하는 상태로 바뀔 것이다. 그러다 어느 순간 감사한 상태를 유지하게 되며 당신의 모든 에너지가 바뀐다.

연필에 감사할 당시에 나는 한 달에 200달러짜리 월셋집에 살았다. 여전히 돈이 없었고 무명이었다. 하지만 새로운 낙관론이 샘솟았다. 내 안에 태양이 떠올랐고 전에는 보이지 않던 가능성들이 보이기 시작했다.

내 인생과 커리어의 전환점이었다. 그 후 내 책이 출간됐고 또 다른 성과들이 도미노처럼 이어졌다. 영화 〈시크릿〉에 출연해 그 덕에 세계 곳곳에서 다양한 계약을 맺었다. 수없이 벌어진 마법 같은 일들이 모두 연필 한 자루에서 시작됐다. 모든 것이 한때 효과가 있으리라 믿지도 않았던 감사 연습에서 비롯됐다.

장엄하고 웅장한 세상에 마음을 열어 보자. 이를 애매하게나마 확언이라 불러도 좋다. 나는 삶의 아름다움과 내 삶에 감사하는 방식을 확언했기 때문이다. 모든 것은 처음에 별생각 없이 감사하기를 실천한 데서 시작됐다. 당신도 마찬가지로 감사의 확언을 연습할 수 있다. 매일 인생에서 감사한 대여섯 가지 일들을 적어 보는 것으로 시작하자. 그리고 이를 규칙적인 습관이자 확언으로 만든다면 당신의 내면에도 태양이 떠올라 무한한 자아가 지닌 놀라운 가능성을 비출 것이다.

**꿈을 현실로 바꾸는
생각 혁명**

- 자신에게 반복해서 들려주는 확언이 당신의 현실을 창조한다. 제한의 신념을 찾아라. 그리고 긍정적인 확언으로 바꿔라. 현실 또한 긍정적으로 바뀐다.

- 운명을 성공적으로 변화시키는 확언의 특징
  1) 일인칭이며 현재형이다.
  2) 긍정적이다.
  3) 짧고 이해하기 쉽다.
  4) 개인적이다.

- 처음에는 새로운 확언이 스스로도 거짓말처럼 느껴지지만 반복해서 말하다 보면 점차 현실이 되는 것을 느낄 것이다.

- 성공과 고난에 고통이 따른다는 생각 또한 신념이다. 책에서 소개하는 방법으로 당신은 더욱 쉽고 빠르게 원하는 목표에 도달할 수 있다.

- 감사함을 연습하라. 먼저 감사해야 감사할 일들이 당신에게로 간다.

**YOUR
UNLIMITED
SELF**

12장

운명을
리드하는 사람이
되기 위하여

인생에서 승리하는 법

당신이 할 수 있는 가장 큰 모험은
당신이 꿈꾸는 삶을 사는 것이다.

오프라 윈프리(방송인)

49

누구나
위대한 존재를 만난다

본질

마지막으로 영적인 관점에서 성과들을 살펴보자. 앞서 나는 '어떤 위대한 존재'에 대해 언급한 적이 있다. 내게 어떤 위대한 존재란 만물이며, 내면과 외면 모두에서의 삶을 뜻한다. 이 단어는 조지프 캠벨이 '위대한 신비'라고 부르는 대상을 의미하기도 하고, 어떤 사람들이 신이나 신성한 존재, 우주, 가이아라고 부르는 존재를 가리키기도 한다. 무슬림에게는 신을 가리키는 이름이 99가지나 된다고 한다.

우리는 이 힘의 일부지만 그 힘은 우리 모두를 합한 것보다 더 위대하다. 우리가 스스로를 지구의 지배자이자 신 그 자체라고 생각하는 것은 커다란 실수다. 빌 머레이가 출연한 영화 〈사랑의

블랙홀)에서 주인공은 자신을 신이라고 칭하면서도 하나님이 아니라 그냥 신이라고 말한다. 나는 우리가 이 지점에 머물러 있다고 생각한다. 우리는 어떤 위대한 존재와 위대한 신비의 일부지만 그것이 정말 무엇인지 알지 못한다. 때문에 나는 그것을 '어떤' 위대한 존재라고 부른다.

혹자는 "나는 그게 뭔지 정확히 알아"라며 발을 쿵쿵 구르고는 그에 대한 자신의 신념을 늘어놓을 수도 있다. 내가 지금 말하는 것은 신념을 초월한 곳, 당신이 당신 내면의 본질에 귀를 기울이는 지점에서 생겨난다. 나는 명상을 통해 당신의 생각과 감정과 몸을 넘어 보라고 말하고는 했다. 그 내면의 본질이란 무엇인가?

위대한 존재를 만나는 여러 가지 방식

내면의 본질은 어떤 위대한 존재다. 그것은 당신 안에서도, 내 안에서도 같다. 우리 모두가 갈구하는 영성이며 우리 각자가 손에 넣을 수 있는 것이다. 나는 어떤 위대한 존재란 결국 당신이 스스로 이름 지어 주는 모든 것이라고 생각한다.

모든 사람은 어떤 위대한 존재로 이어지는 나름의 연결고리와 길을 찾아야 한다. 누군가에게는 그게 음악일 수도 있다. 누군가에게는 예술일 수도 있다. 또 다른 누군가에게는 자연 속을 산책하는 일일 수도 있다. 또 누군가에게는 명상일지도 모른다.

내 경우 명상은 직접적인 경험이 가능한 가장 직접적인 경로다.

내가 하는 명상은 앞에서 설명한 대로 "조, 너는 너의 생각이 아니야"라고 말하는 식이다. 당장 지금도 여러 생각이 내 안에 소용돌이치지만 그 생각들 뒤에는 주시자가 있다. 내게 감각이 있을지 몰라도 나는 내 몸이 아니다. 내게 감정이 있지만 나는 내 감정이 아니다. 이 모든 것이 나를 주시자로 이끄는 명상이 된다.

그 본질을 더 많이 접할수록, 매 순간 더 많이 감지하고 느낄수록, 그것에 더 가까이 다가갈수록, 당신은 더욱 자유로워지고 더 많은 능력을 부여받는다. 인생에서 당신이 원하는 성과를 얻기가 더욱 쉬워질 것이다. 놓아 주는 태도를 좀 더 갖추게 될 것이기 때문이다. 그것은 내 방식의 명상을 연습할 때 우리 모두에게 가능하다.

이 세상에는 수많은 종류의 명상이 있다. 초월 명상은 아주 인기가 많다. 호흡을 살피는 것은 또 다른 기술이다. 자리에 앉아 당신의 코로 들어가는 숨을 느껴 보자. 숨이 폐까지 가는 모습을 관찰해 보자. 잠시 멈췄다가 숨이 다시 바깥으로 나가는 모습을 살피자. 호흡을 살피면서 매우 편안해지는 명상을 할 수 있다.

많은 사람이 자연으로 나가는 데에서 이로움을 얻는다. 앞서 나는 노숙자에서 억만장자가 된 안드레스 피라를 언급했다. 그의 책 《체인저블》에 등장하는 막대한 부를 창출하고 기회를 잡는 18가지 원칙 중 하나는 자연으로 나가는 것이다.

안드레스는 익스트림 스포츠를 좋아한다. 5일 동안 화산에서 지내기도 하고, 극도로 높은 고도의 비행기에서 낙하산을 맨 채 뛰어내리기도 하며, 험준한 산에 오르는 것을 두려워하지 않는다. 그는 36세다. 대담하고, 탄탄한 몸을 갖고 있으며, 카리스마 넘친다. 그리고 이것이 그가 명상하는 방식이다. 안드레스가 말하기를, 그의 가장 훌륭한 아이디어 중 하나는 마추픽추의 산길을 걷다가 튀어나왔다고 했다. 자연 속에 머무르며 마음이 확장되자 어떤 위대한 존재에 가까워질 수 있었다.

사람들은 저마다의 방식을 찾아야 한다. 시를 쓰는 사람은 아마 시를 쓰는 바로 그 순간 어떤 위대한 존재의 문을 두드리고 있을 것이다. 진심을 다해 노래하는 사람은 아마도 그 순간 신에게 말을 건네고 있을 것이다. 그 방식이 그림, 운동, 글쓰기, 독서, 명상, 호흡, 수영, 걷기, 스카이다이빙, 혹은 전통적인 명상 등 무엇이든 간에 당신을 어떤 위대한 존재에게 데려다주는 것이라면 무엇이든 나는 지지하고 싶다.

50

최소한의 노력으로
최대한의 결과를 얻는 방법

태도

영적인 성과가 인생의 다른 영역에서 얻는 성과와 다른지 궁금할 수도 있다. 성과를 얻는 방식에는 전통적이고 오래된 유형이 존재한다. 스스로를 몰아치고, 자신을 가족으로부터 고립시키며, 심장 마비를 부르는 대신 성과를 올리는 방식이다. 내가 추구하는 유형은 이것이 아니다. 이것은 내가 책에서 언급한 성과를 얻는 방식과는 다르다.

내가 추구하는 방식은 거의 노력하지 않으며 노력하는 것과 같다. 특별한 성과를 위해 움직이지만 성과에 중독되거나 집착하지 않는다. 결국 당신은 원하던 곳에 도착했다는 결과보다 여정을 즐겨야 한다. 실제로 훌륭한 재미와 위대한 모험, 엄청난 에너지와 삶의 열정은 여정에서 나온다는 사실을 깨닫게 될 것이다. 도착점에 도달했을 때는 잠시 축하의 순간을 누리겠지만 곧 어깨를 으쓱하고 다음에 해야 할 일을 하기 때문이다.

과정을 즐겨야 인생이 즐거워진다

인생은 도착점에 도달하기 전까지의 경험이다. 그게 바로 삶이다. 당신은 특정한 성과를 얻고 싶겠지만, 그보다는 그곳에 도달하는 과정을 즐기도록 하자. 오래도록 걷는 그 길을 즐기자.

게다가 결과에 집착하지 않는 편이 훨씬 더 건강하다. 나는《돈을 유혹하라》를 쓴 덕에 영화 〈시크릿〉에도 출연할 수 있었다. 이 책은 현실을 창조하는 다섯 가지 단계에 관해 설명하고 있다.

첫 번째로 당신이 원하지 않는 것이 무엇인지 알아야 한다. 그리고 이를 당신이 확실히 원하는 것을 선택하는 두 번째 단계로 갈 도약판으로 삼자. 세 번째 단계는 정화하기다. 지금까지 이 책은 정화를 하는 다양한 방식에 대해 다뤘다. 네 번째 단계는 당신의 목표를 네빌라이즈 하는 것이다. 그 목표를 달성했을 때 어떤 기분일까?

다섯 번째 단계는 영감을 받은 행동을 하면서 내려놓는 것이다. 이는 특별한 방식으로 성취하기 위해 성과에 대한 당신의 욕구를 내려놓는다는 의미다. 《돈을 유혹하라》에서 나는 당신의 성과를 서술할 때 '이거, 아니면 다른 더 좋은 거'라고 단서를 붙이기를 추천했다.

"나는 내 패션 브랜드가 있는 독립적이고 부유한 여성이 되고 싶어"라고 말한다면, "이거, 아니면 다른 더 좋은 거"라고 끝맺도록 해 보자. 이를 통해 당신이 상상했던 것보다 훨씬 더 훌륭한 성과를 내어 줄 어떤 위대한 존재에 더욱 오롯이 연결될 수 있다. 결과를 상상할 때 보통은 자아로부터 상상한다. 그 상상은 당신이 가능하다고 생각하는 바를 바탕으로 하지만, 어떤 위대한 존재는 훨씬 광활한 인생관을 갖고 있어 당신이 결코 상상조차 못 하는 것들을 본다.

영감을 받은 행동이란 당신이 무조건 행동을 취해야 한다는 의미다. 나는 사업가다. 당신이 실제로 무언가를 하지 않는 한 아무 일도 일어나지 않는다는 것을 안다. 하지만 군이 책이나 다른 사람의 지시를 받고 행동을 취할 필요는 없다. 가끔은 지시를 받을 수도 있지만 행동은 당신에게서 나와야 한다. 이는 직관적인 넛지이며 영감이다. 기분이자 "이걸 해. 여기를 가. 저걸 사. 여기에 투자해"라고 말하는 원초적 본능이다. 이거, 아니면 다른 더 좋은 것이 결과적으로 생겨날 것이라는 마음가짐을 갖고 영감을 받은 행동을 해야 한다. 하지만 거기에 집착해서는 안 된다. 좋은 결과를 얻지 못해도 인생은 끝이 아니다. 놔 줄 수 있는 영적인 느낌을 가져야 한다.

51

내 인생의
책임자로 사는 방법

전략

앞서 나는 깨어남의 4단계를 언급하며 처음 두 단계인 피해 의식과 임파워먼트에 관해서도 논했다. 뒤의 두 단계는 더 영적인 특성을 지녔다.

요약하자면, 1단계는 피해 의식이다. 나를 포함한 대부분은 첫 번째 단계에서 태어난다. 우리는 그 단계에 머무르고 싶지 않지만, 불행히도 많은 사람이 그로부터 벗어나지 못한다.

2단계는 임파워먼트다. 다행히 이 부분까지 책을 읽었다면 당신은 임파워먼트의 단계에 이미 접어든 셈이다. 이 단계는 흥미진진하고 신이 난다. 당신은 원하는 성과를 만들어 내기 때문에 아주 멋진 기분을 느낄 것이다. 하지만 이후로 두 가지 단계가 더 있다.

임파워먼트 단계에 있을 때는 마치 세상의 왕이 된 것처럼 느낀다. 무엇이든 가질 수 있고, 할 수 있고, 될 수 있다. 세계는 당신 손에 있다. 그러나 불행히도 어느 순간 당신이 왕좌에서 밀려날 일이 벌어진다. 가끔은 그 일이 죽음일 수 있다. 우리는 죽음에 직면할 때 우주를 통합하지 못한다는 사실을 깨닫는다. 당신은 신이 아니며 어떤 위대한 존재가 아니다. 내가 신이었다면 우리 아버지와 어머니도 여전히 살아 계셨으리라.

깨어남의 3단계와 4단계

3단계. 굴종

어느 순간 당신은 굴종해야만 한다. 굴종에는 두 가지가 있다. 하나는 다시 피해 의식에 빠지는 것이다. "세상에, 아무것도 이뤄지지 않아. 나는 인생이 나를 꺾어 버리려고 저지르는 모든 일에 취약해"라고 말한다.

두 번째 굴종은 "나는 무릎 꿇었어. 인생은 내가 세상을 다스리는 것이 아니라는 사실을 가리키고 있어. 그러니 이제는 기도를 올릴 때야"라고 깨닫는 것이다. 이 지점에서의 굴종은 더 고귀한 힘과 합쳐지기 위한 굴종이다. 당신은 어떤 위대한 존재에 굴종한다.

이것이 당신의 의지와 우리가 신성한 의지라고 부르는 것이 하나가 되는 지점이다. 당신은 당신의 자아보다 더 강한 존재와 힘을 합치는 중이다. 1단계에서 당신의 피해 의식은 "어쨌든 내 자아는 힘이 없어"라고 말하고 상처받은 자아는 그대로 남는다. 2단계에서 당신은 능력을 부여받고, 당신의 자아는 근육을 자랑하며 "나는 여기를 통제할 수 있어. 나는 알렉산더 대왕이 돼서 세계를 지배할 거야"라고 말한다.

그러다가 무언가에 한 방 먹고 난 당신은 "굴종해야만 하겠구나" 하고 깨닫는다. 당신의 선택은 피해 의식 단계로 후퇴해서 굴종하거나, 아니면 더 위대한 깨달음과 더 위대한 힘의 단계로 넘어가 굴종하는 것이다. 그 단계는 머무르기에 멋지다.

이쯤에서 호오포노포노와 명상 같은 도구가 아주 유용하게 쓰인다. 이 도구들은 어떤 위대한 존재로 태평해 들어갈 수 있기 때문이다. 이 기술들을 통해 당신은 어떤 위대한 존재와 손잡게 되고 당신이 혼자가 아님을 깨닫게 된다.

이 임파워먼트와 함께, 당신을 든든히 지켜 줄 영적인 군사들과 함께, 당신은 이제 과거보다 훨씬 더 대단한 성과를 거둘 수 있다. 임파워먼트에서 목표는 이미 당첨된 로또와 같다. 하지만 굴종의 지점에 도달했을 때 당신은 뒤를 돌아보며 "목표 따윈 겁쟁이들에게나 필요한 거야"라고 말하면 된다. 당신의 영감은 목표보다 더 좋기 때문이다. 영감은 어떤 위대한 존재로부터 나온다. 가끔은 당신이 미처 보지 못한 가능성들을 향해 마음을 활짝 열 수 있게 하는 전광석화가 될 수도 있다.

4단계. 깨어남

굴종은 경이롭고 훌륭하지만 겨우 세 번째 단계일 뿐이다. 아직 또 하나의 단계가 남았다. 네 번째는 내가 '깨어남'이라고 부르는 단계다. 깨어남은 당신과 어떤 위대한 존재가 하나가 되는 것이다. 당신의 자아는 더 위대한 에너지로, 신에게로, 신성한 존재로, 우주와 위대한 신비로, 그리고 어떤 위대한 존재로 녹아들 것이다. 그 지점에서 어떤 위대한 존재는 당신을 통해 살아가고 숨쉰다.

어떤 사람들은 이 단계를 '깨우침Enlightment'이라고 부르기도 한다. 언뜻 깨우침의 순간을 엿보기도 하고, 잠시 그 모든 존재와 하나가 된다고 느끼기도 한다. 이를 '사토리さとり(깨달음 혹은 득도)의 경험'이라 부르기도 하지만, 실제로 이 경험에 사로잡히고 당신이 생명의 바다로 사라질 때 이를 깨우침 혹은 깨어남이라 부를 수 있다.

52

어느 순간
깨닫게 된다

깨달음

이제 모든 단계에 출구 전략이 존재한다. 다른 말로, 당신은 피해자일 때 《돈을 유혹하라》 같은 적절한 책을 읽거나 적절한 영화 〈시크릿〉을 볼 수 있다. 그렇게 깨우침의 상태로 매끄럽게 접어들어 피해 의식에서 탈출하게 된다. 다양한 자원들이 존재하는 깨우침의 단계에서 당신은 많은 자극을 받지만, 어느 시점부터 출구 전략이 필요해진다. 어쩌면 책이 그 전략이 될 수 있다. 나는 《호오포노포노의 비밀》과 후속편 《하루 한 번 호오포노포노》에서 호오포노포노를 다루면서 또 다른 단계가 존재한다는 사실을 지적하고 있다.

그 후 저 책을 통해서든 어떤 위대한 존재가 주는 경험을 통해서든 당신은 임파워먼트에서 스르륵 벗어날 수 있다. 이제는 굴종의 단계다. 굴종에서 벗어나기 위한 출구 전략은 무엇인가? 이 단계에서 당신은 그 무엇도 의도적으로 할 수 없다.

깨어남은 은총을 통해 온다. 깨어남은 어떤 위대한 존재와 함께 온다. 당신은 굴종의 단계에 들어서서는 "나는 스스로 깨어날 거야"라고 말할 수 없다. 이는 "하나의 자아인 나는 내 자아를 죽이고 자아 없이 살아갈 수 있어"라고 말하는 것과 같기 때문이다. 그러나 그렇게 할 수는 없다.

명상을 통해 깨어남을 준비할 수 있다. 내 경험에 따르면 사람들은 자신의 생각, 기분, 또는 몸에 관해 명상하지 않고 배경 관찰자에 더 많은 주의를 기울일 때 그 관찰자에게 더 가까워질 수 있다. 어느 순간 '팡' 터지는 순간이 찾아오고 모든 것이 사라져버린다. 그리고 당신과 관찰자는 이제 하나다. 다시 한 번 말하자면 이 순간은 은총을 통해 찾아온다. 이것이 바로 깨어남의 4단계다.

인생이라는 경기장을 달리는 방법

당신은 스스로 깨어남의 단계로 접어들 수 없다. 게다가 증거에 따르면 깨우침은 아무런 준비 없이도 누구에게나 언제든 찾아올 수 있다. 가장 예상하지 못하고 믿지 못한 사람도 어떤 위대한 존재의 은총을 통해 깨우칠 수 있다.

그러나 깨어남을 준비하기 위해 할 수 있는 일들이 있다. 영적이고 심리적인 노력은 매우 현명한 방법이다. 이 말인즉슨 우리의 신념을 살펴보고 우리가 어떤 제한의 신념을 가졌는지 찾아보자는 의미다. 제한의 신념을 타파하고 지워 버리자. 자유로워지기 위해 제한의 신념을 제거하는 정화의 기술을 사용하자. 우리는 어떤 자유를 누릴 수 있을까? 바로 받을 수 있는 자유다. 새로운 통찰, 새로운 생각, 새로운 영감을 받을 수 있는 자유.

그러니 정화의 작업이 가장 중요하다. 명상은 당신이 내면으로 들어가도록 도와주며, 내면으로 파고들수록 우리는 어떤 위대한 존재에 더 가까이 다가갈 수 있다. 어느 순간 당신은 내면으로부터 깨어남의 경험을 향해 활짝 열리게 될 것이다.

나는 세 번째로 해야 하는 일이 네빌라이즈라고 생각한다. 지금 당장 깨어난다면 어떤 느낌일까? 당장 깨어난다는 것은 무엇일까? 몇 가지 예시를 제시하겠지만, 당신도 당신만의 형태로 네빌라이즈 해 보기를 권한다. 아마도 걱정하지 않으리라. 아마도 스트레스 받지 않으리라. 여전히 이 물질적인 3차원 평면에서 육체적 경험을 하는 몸 안에 머무르겠지만 결과에 덜 집착하리라.

이것이 깨어난 사람들을 다루는 전통적인 이야기에서 이들이 웃는 모습을 보여 주는 이유일 것이다. 이들은 미소를 지으며 편안한 상태다. 또한 몸가짐이 가볍고 스트레스나 긴장 없이 인생을 바라본다. 깨어나지 못한 사람들이 인생을 바라보는 것과는 다르다.

따라서 나는 스스로에게 이렇게 말할 수 있겠다.

"내가 깨어났다면 어떻게 느낄까? 어떻게 행동할까? 나는 더 크게 미소 지을까? 더 많이 웃을까? 더 많이 포옹할까? 사람들을 더 많이 감싸 주고 있을까? 더 많은 글을 쓸까? 무엇을 하고 있을까?"

또 다른 정화의 기술을 활용해 보자. 깨우침의 이야기를 써 보자. 당신의 깨어남은 어떻게 보일까? 글로 표현해 보자. 네빌라이즈 해 보자. 느껴 보자. 깨어난다는 것은 이제 어떤 느낌일까?

53

당신 안에
무한한 가능성이 존재한다

승리

나는 이 모든 것이 우리를 기적적이고 은총을 통해 찾아오는 무언가를 준비하게 이끈다고 생각한다. 인생에서 영적인 관점을 취할 때 평온함과 무심함의 감각을 얻게 된다. 예전에 당신을 사로잡았던 반짝이는 물건들은 더 이상 당신에게 매력적이지 않다. 아마도 여전히 그 진가를 인정하고 감사할지 모르지만 그것을 소유하고 싶은 충동을 더 이상 느끼지 않을 것이다.

충동을 느끼지 않는다는 것 자체로 훨씬 수월하게 이런 것들을 끌어들일 수 있다. 더 이상 당신 안에는 반발하는 힘이 없기 때문이다. 무언가를 정말로 간절히 원한다는 것은 무의식적으로 결여에 대한 신념을 입증한다는 사실을 깨닫지 못하는 사람이 많다.

즉 이들은 원하는 일이 절대로 일어나지 않으리라고 믿는다. 그래서 간절해진다. 간절한 느낌 때문에 사람들은 자신이 원하는 것을 얻으려는 노력에 무심코 훼방을 놓는다.

영적인 관점을 기반으로 삼을 때 간절함은 사라진다. 이제 당신은 당신이 가진 것에 그저 감사할 수 있다. 나는《깨어난 백만장자》를 썼다. 깨어난 백만장자란 무엇일까? 깨어난 백만장자는 동전의 양면인 영적인 면과 물질적인 면을 모두 가진 사람으로, 그 두 가지의 면을 화해시켰다. 깨어난 백만장자는 돈을 필요로 하거나 돈에 절실하지 않으면서 돈을 추구할 수 있다. 돈은 그저 선을 위한 영적인 힘이라는 깨어남의 관점을 가졌기 때문이다. 돈은 당신이 꿈을 이루거나 임무를 완수하게 도와줄 유용한 도구다. 깨어난 백만장자의 시선은 인생이라는 경기장 위에 애착을 가질 게 무엇도 없지만 인생을 살면서 경기를 즐길 수 있다는 현실을 향해 열려 있다.

이는 인생은 경기라는 태도에 좀 더 가깝다. 인생이 경기이기 때문에 우리는 심장마비에 걸릴 필요가 없다. 아플 필요가 없다. 스트레스를 받을 필요도, 가족이나 친구들과 소원해질 필요도 없다. 우리는 여전히 원하는 바를 추구해야겠지만, 편안하고 무심하게, 그리고 즐겁게 추구해야 한다. 결과적으로 더 빨리 성과를 얻게 될 것이며, 그 성과는 더 즐겁고 감사할 것이다.

모두가 미쳤다고 할 만큼 큰 꿈을 가져라

이제 이 책의 끄트머리에 다다랐으니 마지막으로 몇 가지 팁을 전해 주려 한다. 첫 번째는 예전보다 더 넓게 생각하라는 것이다. 당신이 이 책을 읽은 이유는 인생을 살면서 지금껏 손에 넣지 못한 적절한 성과를 달성하기 위해 당신의 무한한 자아에 다가서기를 원했기 때문이다. 아마도 그 성과들은 소소하고 평범할 수도 있고 상당히 컸을 수도 있다. 이제는 더 광활하게 생각하자. 거의 한계점에 이를 때까지 마음을 키우자.

나는 내가 뻗어 나갈 수 있게 도와주는 책을 읽었다. 예를 들어 어마어마한 것들을 손에 넣으려 하는 스타 사상가 리처드 브랜슨의 책이 있다. 나는 나빈 자인의 《문샷Moonshots》도 읽었다. 나빈 자인 역시 한때는 노숙자였고, 영어를 모르는 채 아는 사람도 하나 없이 미국에 왔으며, 자신이 무슨 행동을 하는지도 몰랐다. 이제 그는 크게 성공한 사업가가 됐다. 나빈은 사람들에게 '문샷'을 추구하기 위해서는 넓게 생각하라고 가르친다.

문샷이란 무엇일까? 1960년대 존 F. 케네디는 이렇게 말했다.

"우리는 달에 가게 될까요? 왜일까요? 우리는 달에 갈 수 없기 때문에 계속 나아가고 어떻게 할 것인지 알아낼 것입니다. 그럼 우리는 그곳에서 무언가를 가져올 수 있는지 보게 될 것입니다."

다른 사람들이 경악하리만큼 대담하게 생각하는 것이 바로 문샷이다.

우리는 성과에 관해, 그리고 성과를 얻기 위한 다양한 방식에 관해 이야기했지만, 다시 되짚어 보자. 정말로 개인의 역사와 지구의 역사에서 차이를 만들어 낼 수 있는 방법으로 이 프로그램을 활용하고 싶다면 지금 당장 멈추자. 그리고 이렇게 묻자.

"내가 좇을 수 있는 가장 큰 꿈은 무엇일까?"

나빈 자인은 당신이 가진 목표가 십억 명을 감동시키지 못한다면 제대로 된 높은 목표가 아니라고 말한다. 그는 당신이 노숙 생활을 끝내기를 원하고, 암을 정복하기를 원하며, 역사의 저울에서 눈금을 움직여 주기를 바란다. 그 생각을 하면 나는 짜릿해진다. 이 세상에 무한한 가능성이 존재한다고 생각하기 때문이다.

언젠가 나는 한 무리의 억만장자를 인터뷰한 다큐멘터리를 본 적이 있다. 그중 한 명이 이렇게 말했다.

"당신이 파티에 가서 누군가에게 당신의 꿈을 이야기했어요. 그런데 그들이 당신을 미쳤다고 생각하지 않는다? 그럼 당신은 충분히 장대하게 생각하지 않은 거예요."

나는 당신이 장대한 성과를 그리며 시작하기를 바란다. 다른 사람들이 돌았다고 생각할 만한 성과는 무엇일까? 그 성과를 손에 넣으려 노력하자. 그 성과를 글로 남기자.

또한 어떤 생각이 떠오르는지 주의를 기울이자. 마음속에 떠오르는 생각들은 '미쳤다. 어떻게 이걸 하지? 어디서 이걸 할 돈을 얻어? 이걸 할 재원을 어떻게 얻어? 이걸 하겠다는 나는 뭐지?' 같은 제한의 신념일 것이다. 그 생각들을 적어 보자. 정화해야 할 제한들이기 때문이다.

다음 단계는 이 책에 등장하는 기술을 모두 활용하는 것이다. 정화의 도구를 나열한 뷔페에 가서 가장 마음에 드는 한 가지를 골라 제한의 신념들에 써 보자. 제한의 신념들을 무찌르자. 그러고 나서 행동에 옮기자. 우리는 모든 것이 공동 창조되는 세상에 살고 있다. 따라서 당신이 원하는 성과를 공동 창조하기 위해 행동해야 한다. 그다음에는 일람표만 작성하면 된다. 그리고 과정을 거치는 동안 당신이 어떻게 하고 있는지에 관해 피드백으로 평가해 보자.

이것이 내가 일하는 방식이다. 나는 이 방식을 정기적으로 실천한다. 매일도 괜찮고, 매주도 괜찮다. 게다가 나폴레온 힐이《생각하라 그리고 부자가 되어라》에서 마스터마인드의 힘을 설명했듯, 마스터마인드를 조직하는 것이 유용할 수도 있다.

마스터마인드를 조직해 보자. 이 책을 함께 읽고, 당신이 원하는 성과와 높은 의도, 크고 별나며 대담한 목표를 이룰 수 있게 도와줄 사람들을 모아 보자. 그 목표를 추구하는 과정에서 서로를 지지할 수 있을 것이다.

지금은 신나게 살아갈 수 있는 시대다. 우리는 마법과 기적의 시간을 살고 있다. 우리에게는 다양한 기술이 있고 수많은 자원이 있다. 또한 넓게 생각하고 틀에서 벗어나 파격적인 것들을 성취할 수 있는 사람들도 많다.

이제는 당신 차례다. 이 책에서 읽은 것들을 활용하고 원하는 성과에 적용하자. 그 어느 때보다 더 넓게 생각하자. 기적을 기대하고 당신의 무한한 자아를 드러내자.

- 모든 사람은 내면의 본질로 이어지는 저마다의 방식을 찾아야 한다. 그것을 통해 놓아 주는 태도를 배우면 우리는 더욱 자유로워지고 더 많은 능력을 부여받는다.

- 훌륭한 재미, 위대한 모험, 삶의 열정은 여정에서 나온다. 성과에 집착하기보다 도달하기 위한 과정을 즐겨라.

- 깨어남의 4단계로 나아가기 위해서는 영적이고 심리적인 노력이 필요하다. 명상은 당신이 내면으로 들어가 어떤 위대한 존재와 가까워질 수 있게 도와준다.

- 무언가를 간절히 원하는 것은 바라는 일이 절대로 일어나지 않으리라고 생각하는 것과 같다. 영적인 관점으로 성과를 대할 때 간절함은 사라지고 가진 것에 그저 감사할 수 있다.

- 최고의 운명으로 향하는 팁
  1) 이전보다 더 넓게 생각하라. 모두가 미쳤다고 할 만큼 큰 꿈을 가져라.
  2) 책에 등장하는 기술을 모두 사용해 당신의 가능성을 현실로 바꿔라.